JN411297

쉼표에 잠수하다

강남시문학회

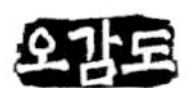

쉼표에 잠수하다

초판 인쇄일 • 2015년 11월 3일
초판 발행일 • 2015년 11월 5일
지은이 • 강남시문학회
펴낸이 • 강옥현
주 간 • 양재일
디자인 • 김양길
펴낸곳 • 도서출판 오감도
서울시 중구 을지로3가 268 유일빌딩 604호
출판등록 1998년 10월 15일 제10-1651호
전화 (070) 8236-2591
메일 2277yang@hanmail.net
ISBN 978-5698-320-2 03810

*이 책은 강남구로부터 일부 지원을 받아 제작되었습니다.

✍ 머리말

말과 뜻이 아울러 아름답기

무엇을 쓸 것인가, 어떻게 쓸 것인가가 늘 문제이다. 간단하게 말해 본다면, 한 사물에서 삼라만상에 이르기까지 모든 것의 존재나 삶과 관련된 것들을 가장 감동적이고 효과적인 방법으로 표현하기일 것이다. 그러나 이러한 말보다 오랜 기간 그 효용을 유지해온 선인들의 견해를 다시 새겨 보는 것도 의의가 적지 않을 것으로 생각하여 머리말 대신 옮겨 보고자 한다. 『우리 겨레의 미학 사상』(보리, 2006)에 실려 있는 이인로, 이규보, 정약용의 글이다. 글의 내용을 현시대에 맞게 고쳐 받아들여야 할 점도 있을 것이다.

이 세상 모든 사물 가운데 빈부를 기준으로 높고 낮음을 정하지 않는 것은 오직 문장뿐이다. 훌륭한 문장은 마치 해와 달이 하늘에서 빛나는 것과 같아서, 구름이 허공에서 흩어지거나 모이는 것을 눈이 있는 사람이라면 보지 못할 리 없으므로 감출 수 없다. 그리하여 가난한 선비라도 무지개같이 아름다운 빛을 후세에 드리울 수 있으며, 아무리 부귀하고 세력 있는 자라도 문장에서는 모멸당할 수 있다.

—이인로(1152-1220), '해와 달이 빛나듯' 중

*

시는 시상意이 기본이다. 때문에 구상이 어렵고 언어 묘사는 둘째로 된다. 구상은 또한 그 사람 기백이 높고 낮은 데 따라 깊고 얕은 것으로 구별된다. 그런데 기백이란 바탕에서 말미암은 것이요 배워서 되는 것이 아니다. 그러므로 기백이 낮은 자는 시구를 다듬어 맞추는 데만 힘쓰고 시상을 앞세우지 못한다. 이렇게 지은 작품은 조각한 듯한 문장과 그려 낸 듯한 시구가 참으로 아름답기는 하다. 그러나 깊고 함축된 시상이 없으면 처음 보기에는 잘된 듯하나 다시 음미하면 아무런 맛도 없어지고 만다.

시의 품격에 대해 말한다면 순전히 맑고 소박한 것으로만 체를 삼으면 이는 산골 사람의 품격으로 되며, 곱고

아름답게만 전편을 꾸미면 이는 궁에 사는 하인의 품격으로 될 뿐이다. 오직 맑고 새롭고 웅건하고 호방하고 곱고 아름답고 그러고도 평범하고 담박함을 다양하게 섞어 쓴 다음에야 제대로 갖추어져서 남들이 한 가지 체로 지목하지 못하는 것이다.

－이규보(1168-1241), '시의 아홉 가지 좋지 못한 체' 중

*

시 짓기란 참으로 어려운 것/ 말과 뜻이 아울러 아름답기 힘드니라./ 뜻이 함축되어 깊고 깊어야/ 씹을수록 그 맛이 순전해지느니.// 뜻만 드러나고 말이 원활치 못하면/ 깔깔해서 뜻이 잡히지 않나니./ 그중에서도 끝으로 돌릴 것은/ 다듬고 아름답게 꾸밈이니라.// 아름다움을 어찌 나쁘다 하랴/ 이를 위해 곰곰이 생각해야 하느니./ 그러나 꽃을 따고 알맹이를 버림은/ 시의 참뜻을 잃음이니라.// 지금껏 많은 시인들이/ 시의 참뜻을 생각지 않고/ 겉으로 부질없이 울긋불긋 꾸미며/ 한때의 취미만을 찾고 있누나.// 시의 내용은 진리에서 나오거늘/ 덤빈다고 해서 찾지 못하리./ 찾기 어렵다고 지레짐작하고/ 저마다 화려함만 일삼느니라.

－이규보(1168-1241), '시에 대하여' 중

*

나랏일을 걱정하지 않으면 시가 아니요, 어지러운 시국을 가슴 아파하지 않으면 시가 아니요, 옳은 것을 찬양하고 악한 것을 미워하지 않으면 시가 아니다. 그러므로 사상이 확고하지 못하고 학문에서 바른길을 찾지 못하며, 인간의 진리를 알지 못하고, 백성을 걱정하는 마음이 깊지 못하면 시를 쓸 수가 없다.

－정약용(1762-1836), '시를 쓰는 마음가짐' 중

2015년 11월

백 우 선

권경애

김계영

김광옥

김세영

김영호

김태일

박철웅

방지원

백우선

소 율

이복자

이태규

임만근

임윤식

정정근

조성순

조은설

하두자

4월에서 4월까지 외 4편

권 경 애

1.
저 여자
죽은 아이만 낳는 저 여자, 그 여자가
낳은 숫자가 삼백이 넘었네
믿을 수 없는 통곡의 숫자네

진도 앞바다에 아직도 누워있는 여자여
남은 이들은 살려서 낳아 줘
신생의 울음 울게 해 줘
믿을 수 없는 기적의 숫자를 만들어 줘

그대는 뼈를 모으는 여인 라 로바*
노래를 불러 주오
그 뼈에 살이 붙고 피가 돌 때까지
숨을 넣어 주오
벌떡벌떡 일어나 어미의 품으로 모두 돌아올 때까지

2.

일 년 삼백육십 일 팔천 시간이 넘게 흘러
다시 사월
노란 리본 같은 산수유 개나리
천지간에 눈물로 나부끼는
아직도 사월인데…

* 라 로바 : 멕시코 전설 속의 인물.

달에 홀린 삐에로 *

주파수가 잘 맞춰지지 않는다
웬일인지 내가 즐겨 듣는
그 방송만 유독 그렇다
안테나를 흔들어 보고 이리저리
다이얼을 돌려 보아도 소용없다
가끔 멀쩡하다가도 무슨 과민반응인지
내가 움직이기만 하면 잡음이 들린다
숫제 알아들을 수 없는 소음일 때도 있다
그런 사람이 나뿐만이 아니었는지
방송을 잘 듣기 위한 지침들이 소문으로 돌았다
언젠가 그 소문을 가져다 한번 써보았지만
방법이 서툴렀는지 쉽지 않았다
아무래도 새 라디오를 하나 장만해야겠다는
생각이 안테나처럼 불쑥 솟는다 그러나

새 라디오라고 별 수 있을까
잡음과 소음도 친구 삼아 불협화를
즐기는 게 나을지도 모르겠다

협화음과 불협화음의 구분은 관습
이라니, 습관처럼 덜그럭거리는 너와 나
어쩌면 이미, 단단한 우리가 되었을지도

(하, 이 찬란한 꿈……)

* 쇤베르크의 곡. 불협화음과 독특한 성악 선율로 이루어진 현대음악 작품.

신종말론

두 팔을 흔들며 활짝 웃는다
무슨 소원이든 다 들어주겠노라
온 동네가 떠나가도록 외친다
무릎까지 꿇고 간절히 부르짖는 모습이
요즘 유행하는 공개청혼처럼 보이지만
처음 보는 사람이다

평생 손에 물 한 방울 안 묻게 해주겠다는 말만큼
달콤한 나만 믿으면 천국으로 갈 수 있다는
약속들로 아슬아슬 부풀어 오르는

내일은 우리나라 총선일總選日
사이비 교주들이 머리를 조아리는
세상의 마지막 날

제비꽃

인천공항 출국장
아버지 머뭇머뭇 손을 흔들고
딸은 성큼성큼 유리문 안으로 들어간다
문이 닫힌다

보이지 않는 딸을 향해 손을 흔들던 아버지
갑자기 몸을 날려 문 옆으로 간다 벽 아래 한 뼘 크기로
나 있는 투명 유리창 앞에 쪼그리고 앉는다 납작 엎드린
다 기웃기웃 안쪽을 살핀다

너에게 엎드리는 건 아무것도 아니다
너를 볼 수만 있다면

자전거 타는 한강

한참 쏟아진 소나기에
갑자기 불어난 한강물
용틀임하듯 흘러가는 한강을 따라
중년부부가 자전거를 탄다
물안개를 뚫고
앞서거니 뒤서거니

강물처럼
하류에 이를수록
점차 생의 속도를 늦추는 부부
은빛 반짝이는 두 바퀴인 양
나란히 달려가는 한강
자전거를 타고

✎ 산문

늘 떠나는 사람들

지하주차장이 텅 비어 있다. 혹시 오늘 물청소라도 하는 날인가? 차를 옮기라는 방송을 내가 못 들었나? 아마 그건 아닐 텐데…… 지하로 내려오면서 엘리베이터에 붙어있는 안내문은 죄다 읽었는데 분명 그런 내용은 없었다. 모두 차를 타고 어디론가 갔다는 말인데 오늘따라 다들 일이 많은 모양이다. 차를 몰고 나오는데 백미러 너머로 보이는 텅 빈 공간이 자꾸 마음을 끌어당긴다.

오늘은 그 동안 쌓인 회비도 쓸 겸 며칠 여행을 떠나자는 계획을 실천하기 위한 모임이다. 여행 장소를 정하는 것은 어렵지 않았다. 두세 군데 후보지 중에서 금세 한 곳을 정했다. 어디로 가든 그것은 중요한 문제가 아니고 어디로든 가는 그 자체가 목적이었으니까. 문제는 날짜를 정하는 것이다. 올해 초에 계획만 세우다 만 것도 날짜가 안 맞아서였다. 아니 날짜가 안 맞는 것이 아니라 날짜를 내지 못한다는 말이 더 맞을 것이다. 누구는 남편이 요즘 몸이 안 좋아서, 누구는 아이가 못 미더워서 등 결론은 식구들만 두고 혼자 어딜 간다는 게 통 마음이 안 놓인다는 것이다.

이번에도 여행 한 번 가자는 말이 나왔을 때는 다들 눈을 반짝거리며 반가워했었다. 장소를 어디로 할 것인지 저마다 후보지를 거론하며 마치 이미 그곳에 가 있기라도 한 듯 들떠 있던 사람들이었다. 그런데 날짜를 정하려고 하니 어느 새 목소리에 힘이 빠지며 슬금슬금 꼬리를 뺀다. 그리고는 슬그머니 오늘 안 나온 사람의 핑계를 댄다. 그이가 얼마 전에 집안 일로 남편만 두고 외국에 한참 나갔다 와서 지금은 곤란할 것이라는 둥, 늦둥이 엄마라서 힘들지 않겠냐는 둥.

결국 우리의 여행은 무산되고 말았다. 모임을 가진 지 8년 만에 처음 세운 두 번의 계획이 모두 없었던 일로 된 것이다. 가을이 되어서 그런지 유난히 어디론가 떠나고 싶다며 가슴을 쓸어내리더니…… 그래도 한바탕 여행지를 거론하며 떠들고 났더니 아쉬운 가운데서도 속이 조금은 후련하다. 마음으로는 이미 그곳에 갔다 왔으니까. 어쩌면 그들도 혹시 나와 비슷한 생각을 했을지도 모르리라 짐작해 본다.

모임을 끝내고 집으로 돌아와 지하주차장에 들어오니 그새 차들이 빼곡하다. 저이들도 혹시 어디론가 떠날 마음만 먹다 말고 결국 저렇게 집으로 돌아온 것일지도 모르겠다. 피식 웃음이 나온다.

권경애 : 2000년 [심상] 등단. 시집『누군가 나를』『러브 버그』수필집『아주 특별한 사이』

그러나 묻힌 기억으로 사라지고 외 4편

김 계 영

끊임없이 날아드는 세상의 일들이
바람개비가 돌듯이 돌고 돌아
숨을 곳이 없어 날마다
말의 세례를 퍼붓는
저녁 아홉 시

일 초의 틈새도 없이 쏟아져 나오는
상처 나고 짓무른 말들로
홍건히 공간을 채운다
이내 어지럼증이 도진다

덧나서 붉어진 미움을 가슴에서 털어내는 것
질긴 세상의 일들을 벗겨내고 벗겨내어
하루의 삶을 애무라도 하려 하는가
그러나
묻힌 기억으로
언젠가 사라지고 말 것을

따뜻한 씨앗
하나쯤 품고서
향기를 뿜는 꽃 한 송이 피우며
무르익은 하루의 무게로
등뼈나마 올곧게 눕고 싶은데

헛간에서 해답을 찾다

그대들이 찾는 것을 쉽사리 찾지 못할 때 마지막으로 둘러보아 주는 것도 다행입니다

조금 덜 챙겨도 어쩌다가 챙겨주는 것도 실상은 고마운 것이니까요

여기는 고분고분한 것들끼리 모여서 서로가 군말 없이도 지낼 만하거든요

늘 쓰지 않는 것도 왜 꼭 필요한 것이 있잖아요?

우리는 적시 안타를 치는 법을 이미 터득했어요

어쩌면 햇살을 다 잊은 듯 엎드린 시간은 잔인하다가도

몰라줄 때 해답이 되는 것이 눈물 나도록 즐겁습니다

관심 밖의 것이었다가 빛나는 시간이 있기에 견디는 곳이지요

그대들이 그리 정들이지 않아도 진짜 생명의 씨가 되는
우리는

구석진 헛간의 어둠도 순종하며 여기 있겠습니다

그래도 바다는 늘 기다리고 있다

여름날 여백이 갈라지는 썰물이다
모래는 가루분 같아 맨발이라도 좋고
갯벌은 밭고랑처럼 넓기만 해 신기하다
저만치 넘실거리는 파도가 있어도
나는 겁 없이 한참을 걷는다
까치놀에 맨얼굴을 드러내는 바다

산 그림자가 참견이라도 하려는 듯이 다가올 무렵
햇살에 익어버린 보름달이 인사를 한다
점묘화로 아득해지는 발자국
범접하지 못한 일들이 모랫바닥에 묻힌다

경계를 이루는 바다와 갯벌과 모래와 둑길에서
아무런 계산도 없이
시간을 보내고 싶은 날이다
해당화꽃 향기는 진하게 풍겨오는데
내가 머무는 공간은
잠시 운행을 중단한 바다의 보루

탈색된 흔적은 이미 침묵이다
문제의 속내는 남아도
그래도
산다는 것은 행복이라고
적막한 공기에 후욱 불어본다
산란하던 내 마음이 갯벌처럼 단단해진다

메밀꽃에서 피는 행복

아직도 토설하지 못한 것이 있다면
가슴 시리는 그리움일 거야
유리강물 위로 실어 보낸
아라리 아라리 아라리요
목소리 한 가락 몸짓 하나에도
생의 굽이가 묶여있던 강가에는
고만고만한 자갈들이 모여서 속닥거리는 곳

어머니는 발가락이 닳아도
제 키를 세우는 나무 같은 아이들
바람 맞으며 걸어온 길가에
메밀꽃이 정지화면으로 떠오르고
내일 함께 걸어갈 길가에는
이름 숨긴 들꽃이 흐드러지게 필 거야

마음은 언제나 들꽃 닮은 사람들
이 지상의 햇살 동녘 바다의 바람
모두 안고 살았으니

문고리에 매어 둔 오랜 행복
봄 여름 가을 겨울
꿈꾸는 사랑이여

쉼표에 잠수하다

날마다 우후죽순으로 자라
내 마음을 술렁이게 하던 잡동사니들
가만히 있지 못하게 하는
손가락과 발가락과 눈과 귓바퀴의 움직임
흔들리는 머리카락
견딜 수 없는 시간의 벽을 넘어
새로운 방향을 모색하는 마음의 축

계절을 잊은 슬픔이 흐름을 멈춘 사이
고백처럼 쓰다만
토막글들이 잠시 중심을 잃고
단편영화로 인생을 스케치 한다
새벽이 오기까지
셋 둘 하나
셋 둘 하나
셋 둘 하나…

아득하고 고요한 호수의 물빛이 깊고 푸르다
빙점 이하로 내려간 대기가 차갑다

베이스기타의 흐늘거리는 음률이
차츰 새 공기를 껴안고
메아리로 내 귀를 간질이면
아무것도 안 할 자유가 필요하다

어떤 수고로움도
지금은 쉼표를 허락하는 시간
쉼에 매료되어
쉼표에 잠수하다

✎ 산문

모딜리아니와 잔느의 그림, 그들의 사랑

–'모딜리아니와 잔느의 행복하고 슬픈 사랑전'을 보고

유난히 긴 얼굴과 고개를 갸우뚱 기울인 채 눈동자가 희멀겋던 여인의 모습을 그림으로 만났을 때, 내 눈이 지긋이 감기면서 묘한 이끌림에 빨려드는 고요를 느꼈다. 소녀 때 미술책에서 처음 보고 그 느낌이 오래 남아서 그림을 그린 모딜리아니는 어떤 화가였을까 궁금하였다.

몇 년 전, 추운 겨울날에 모딜리아니(1884-1920, 애칭이 모디)와 그의 연인이었던 잔느에뷔테른(1898-1920)의 전시회가 고양아람미술관에서 열렸기에 관람을 하였다. 따뜻한 기억으로 남아있었다. 이번에는 예술의 전당에서 전시회가 열렸기에 다른 그림이 나왔을까 궁금하여 또 찾아갔다. 어느 미술관에 가도 세 점 이상의 모딜리아니의 그림을 만나기가 쉽지 않다는데 70여 점의 유화를 한군데서 보게 되어 약간의 흥분과 긴장감이 있었다.

모딜리아니는 유태인으로 이탈리아의 넉넉한 가정에서 태어났다. 어렸을 때부터 병약해 학업을 이어가지 못하고 어머니와 이탈리아 전역으로 여행을 다녔다. 피렌체, 밀라노 등의 미술관을 방문하며 예술에 관심을 갖게 되었고, 그 이후 예술학교를 다니며 미술을 배우게 되었다.

모딜리아니는 1906년 당시 예술의 중심지였던 프랑스 파리로 갔다. 파리 예술의 중심지였던 몽파르나스에서 키슬링, 수틴, 피카소, 멕시코의 화가 디에고 리베라와 르노와르와 시인 장 콕도와 교유를 하는 사이였다.

당시 색채화가 마티스의 야수주의와 피카소의 입체주의가 반향을 일으키고 있을 때, 자신만의 독특한 회화 양식을 발전시켜 나갔다. 그는 세잔에게서 영감을 많이 받았다고 한다.

그의 수려한 외모 못지않게 친구도 많고 따르는 여성도 많았다 한다. 가난한 화가였던 모디는 연인과 친구들, 이웃의 사람들을 꾸준히 그렸다. 그래서인지 화폭의 인물들은 따스하고 다정한 느낌으로 다가온다.

나는 특징 있는 모딜리아니의 그림에서 궁금한 것이 몇

가지 있었다. 그런데 두 차례의 전시회를 보고 이해를 하게 된 것이 좋았다. 그는 사람의 눈동자를 확실히 그리지 않았다. 이유가 모델의 마음을 모른다고 생각하면 아예 눈동자를 그리지 않았고, 안다고 해도 한 쪽 눈동자만 그렸다는데 이런 점이 낯설고 신비스러웠다. 얼굴과 목을 기다랗게 그린 것은 보티첼리의 '비너스의 탄식'에서 영감을 얻어 그렸단다. 원래 조각가가 되려고 했던 모디가 아프리카 원시조각의 영향을 많이 받아서 애수어린 관능미의 여인들을 그리면서 어깨선이 둥그스름하게 내려앉은 모양으로 그렸다는데, 아프리카의 강렬한 매력은 그 당시의 화가나 조각가들에게 여러 의미를 부여했나보다. 피카소도 흑인 예술의 조각품과 가면들을 보고 강렬한 힘에 이끌려 압도되었다고 하였는데, 큐비즘과 표현주의를 표방하던 파리의 화가들이 원시적이고 흡인력이 강한 아프리카에 매료된 사람들이 많았던가 보다.

모디를 사진으로 보는 것은 처음인데 유난히 큰 눈이 애수에 찬 듯 보였으며 외로움이 가득해 보였다. 그가 많은 여성들과 사랑을 하였다는데 여성본능을 자극하는 눈빛과 수려한 외모 덕이 아니었을까 싶기도 하였다. 여성편력 끝에 안정을 찾은 잔느와는 3년간의 짧은 결혼생활을 하며 딸을 한 명 남겨두고 죽음으로 생을 마감하였다 하여 내 마음이 너무 아팠다. 더구나 화가 지망생이었던 잔느는 에메랄드 빛의 신비롭고 아름다운 눈을 가진 긴 머리의 여인이었단다. 향수 공장을 경영하는 부유한 집의 딸이었다는 그녀가 18살이었을 때 32살의 가난한 화가 모디를 만나, 그의 모델이 되고 사랑을 하고 결혼을 하고 같은 작업실에서 그림을 그리다가 모디가 결핵성 늑막염으로 죽자, 여덟 달 된 둘째 아이를 뱃속에 지닌 채 그의 뒤를 좇아 두 달 후에 자살로 마감하였다 한다.

모딜리아니에게 가장 많은 영감을 주었다는데, 그녀를 모델로 그린 그림 또한 많았다. 그의 그림에서는 특이하게도 여인의 동그란 눈에 눈동자가 없다. '내가 당신의 영혼을 알 때 당신의 눈동자를 그릴 것이다.'라고 했다는 말이 전해져 오는데, 누구나 상대방의 영혼을 어찌 송두리째 알 수가 있을까!

재능이 있었으나 불운한 화가, 에꼴 드 파리의 상징적 존재였다는 모디도 가슴이 아팠지만, '코코넛'이란 별명으로 불리었다는 잔느가 '천국에서도 당신의 모델이 되어드릴게요'라는 말을 남긴 채 22살의 꽃다운 나이로 세상을 떠난 일생이 더 애석하기만 하였다. 우울한 얼굴의 천사로 마감한 연인 잔느.

처음 보게 된 잔느의 많은 그림들도 아주 인상이 깊었다. 드로잉 작품들이 꽤 많았다. 자신의 몸을 직접 그린 누드화는 당시로서는 아주 파격적인 시도였으며 누드화의 대표적인 그림인 마네의 '올랭피아'와 견주어도 손색이 없을 정도의 그림이란다. 그녀의 상당수의 작품들은 그 당시에는 별다른 평가를 얻지 못하다가 근래에 그녀의 그림들도 모디의 그림과 더불어 상당한 평가를 얻게 되었다 한다. 풍경, 정물 따위의 그림을 보면서는 여러 선들의 움직임이 아주 섬세하면서도 여성적인 느낌으로 다가왔다. 세상의 환희만을 그려도 모자랄 나이에 그녀의 내면의 조숙함이 이런 그림을 그렸지 않았을까 싶었다. 모디와는 처음엔 그림의 내용이 많이 달랐으나 같이 작업을 하다 서로의 생각이 통하게 되어선지 나중에는 그림도 많이 닮아갔다 하여 두 사람의 그림을 비교하며 볼 수 있어 재미를 더했다.

예를 들면 모디의 드로잉은 선이 몇 개로만 그려진 그림들로 감정을 포착하여 간결한 힘을 나타내 명쾌한 것에 반하여 잔느는 여성적이어서인지 세밀하고 복잡한 여러 선들로 그린 것이나, 유화에서 잔느의 그림은 배경에도 관심을 두고 풍경이라든가 글자까지도 세밀하게 묘사를 하여 그린 것에 반해 모디는 배경은 거의 무시하고 주제만을 확실히 드러나게 그린 점이 상당히 달랐다.

모디가 사랑한 여인 잔느를 그린 '어깨를 드러낸 잔 에뷔테른'이나 '앉아있는 잔느' 다른 여인을 모델로 그린 '산호목걸이를 한 여인' 같은 그림에서 우윳빛의 생생한 피부와 그 고운 머릿결을 그린 것을 보고 너무도 유화 같지 않게 맑은 색감이 마치 수채화로 보이기까지 한 것은 특히 인상이 깊었다. 물감을 적게 사용하여 표현한 것이라던데 생활이 곤궁하여 유화 물감을 아끼며 그리지 않았을까 하는 말이 있었다. 이태리 고전미술과 철학에 탄탄한 기본을 두고 독자적인 화풍을 개척한 화가 모딜리아니! 그는 고흐처럼 살아서 곤궁했고 죽어서 유명해졌다.

모디의 요양을 위해 그들이 남프랑스의 햇살이 풍요로운 니스의 전원에서 살았을 때는 그림에서도 따스하고 밝은 색감이 가득하여 내 마음에도 솜사탕 같은 달콤함과 환희와 따사로움이 스며들었다. 그렇듯 행복했던 시간이 너무도 짧았으니 그들의 사랑을 빼앗아간 운명의 시간이 곧 다가온 것을 느끼고 '죽음'이나 '자살'이란 제목의 섬뜩한 그림을 그린 잔느를 생각하면 아직도 슬프기만 하다. 사랑 때문에 살았던 그녀는 모디의 뒤를 따르려고 마치 유언장 같은 그림을 그린 것일까. 잔느가 생을 마감한 5층의 건물 사진과 남겨진 머리카락 한 줌이 진열돼 있는 것을 보고 그림보다 눈길이 더 머물기도 하였다.

파리의 '뻬르라쉐르' 묘지에 나란히 묻힌 그들의 행복하고 슬픈 사랑이야기는 이제 전설이 되었다.

사랑의 실체는 모든 것을 믿고 따르며 헌신하는 고전적인 것인가. 쉽게 사랑하고 쉽게 헤어지는 인스턴트 같은 사랑을 하는 요즘 사람들은 이들의 사랑 이야기를 어찌 받아들일까. 우리가 '사랑'이란 단어를 쉽게 말할 수 있을까!

김계영 : 1998년 [포스트모던] 등단, 한국시인협회, 시산맥회 회원. 시집『먼 섬』

저기, 한 여자가 외 3편

김 광 옥

저기 혼잡한 시내로 들어가는
난간 모서리
흐트러진 머리칼의
한 여자가 서 있네

뺨엔 바람의 꽃이 피어 있고
누군가를 기다리는 듯

언제부터인가 한 시간
아니 몇 달 아니
몇 백 년 전부터 기다려왔다는 듯
마지막엔 한 가닥의 혼불이라도 되려는 듯
허리를 곧추세우고

가까이 다가가 보니
바로 나의 아내였네
아내는 40여 년 전부터
나를 기다리고 있었고
나는 이제서야
아내에게로 가고 있는 중이네

소리의 감화感化

1.
누군가 부르는 소리 있어
눈을 감는다
누군가 오라는 소리 있어
뒷걸음친다
누군가 떠나라는 소리 있어
다가간다

나는 굴절된 소리로
살고 있나보다

2.
소리는 사람들 사이에서 감발感發하여
계절 따라 화성化成하고

소리는 천지와 감응感應하여
만물을 화육化育하고

소리는 사물과 감통感通하여
새롭게 화생化生하고

나도 나날이
밝고 어둠에 감화感化하여
하나의 소리로 화신化身하려는가
소리 없는 빗살의 소리 같은

발효하는 소리

안개가 산비탈로 흐르는
뒷동산에 오른다

바람이 불자
그는 지팡이로 땅을 깨우며
소리를 악보로 옮긴다

바람이 세게 불자
함께 나뭇가지를 잡고
춤을 춘다

나무에서 순이 돋는 소리를 본다
귀 기울여
오르는 물소리 듣는다

연리목에
제 몸을 끼워 넣고
키득거린다

그는 마을로 내려와
막대기악보를 땅속에 묻는다

아침마다
소리가 발효되어
마당 위로 피어오른다

소리와 촛불

소리가 보였다
여러 모양의 촛불이
소리의 결을 따라 춤추었다

시간이 흐르자
소리는 흘러넘치고
촛불도 난무했다

소리의 결 따라
사람들은 물결을 이루었고
물결이 사람인지 소리가 사람인지
앞서거니 뒤서거니 했다

손과 손이 맞잡힌 사이
어깨와 어깨의 흔들림 사이를
소리가 메웠다
소리와 몸은 잘 결합되는 원소였다

소리는 몽둥이로 지워지지 않는다
몽둥이 사이에는 틈새가 있고
소리는 그 사이를 넘나들었다

누구는 횃불로 소리를 태우고
누구는 소리로 소리를 지우려 했다

소리는 길을 잃었고
몸속에 잦아들어 돌고 있다

소리가 시든 자리
촛불 하나 제 몸을
태우고 있다

✎ 산문

시작 노트

시인은 세상을 자기의 눈으로 다시 보고 재구성하려 한다. 그리하여 어떤 주제를 갖기보다는 마주하는 사물들을 있는 대로 순수하게 받아들이면 될 것이다. 밖의 길이 아니라 마음의 길을 여는 것이 필요한 것이다. 그럼에도 어느 사이 자기가 다니는 길을 만들어 쉽게 그 길 위를 걷고 바라보고 쉬려고 한다. 주제를 가지고, 표현하는 방식을 만들고 언어를 정제하려 한다. 그러나 그런 길을 찾는 것이 그리 용이하지도 않다. 아직은 그런 방식을 익히지 못했다.

세상은 물로 이루어지고 있듯 기氣로 이루어져 있기도 하다. 땅에서 하늘을 올려다보고 하늘에서 땅을 내려다볼 수도 있다. 그렇다면 세계는 소리로 이루어져 있기도 하다. 작은 소리의 관을 통해 세계와 우주를 보는 방법을 알 수도 있을 것이다. 크지 않고 작게 그리고 조용히 밖을 보는 마음을 가져보는 것도 세상을 넘어가는 한 방법이리라. 교향곡의 형태로 복합적인 세계를 거문고 소리를 통해 교향곡의 세계를 그려낼 수도 있을 것이다. 그게 바로 언어/시의 세계일 터이니.

작고 섬세한 듯 웅장하고, 만물에 생기를 주는 소리의 세계를 조심스레 찾아가고 싶다.

김광옥 : 서울대 문리대 졸, 전 수원대 언론정보학과 교수, 법정대학장, 정치학박사(신문방송학). 현 수원대 명예교수(언론정보학과). 1999년 [심상] 등단.

허공의 어부 외 4편

김 세 영

조각난 하늘만 쳐다보다가
시야가 좁아지고 흐릿해질 때는,
당산목 나뭇가지에 걸터앉아
그물을 손질하는 그를 찾아간다
바느질하는 그의 긴 손가락이
와이퍼처럼 내 각막을 닦아준다

낙엽처럼 떨어지는
조각 천을 모아 짜깁기해서
무채색의 칸칸에 미끼를 달듯
오감의 문양을 채워 넣어
공중에 그물 병풍을 세운다

구름떼로 몰려다니는
청어들을 그물로 포획해서 살은 발라 먹고
공갈빵 같은 부레와 숨통에 구멍을 내었던 뼈다귀는
그물집 한 구석에 쌓아 둔다
그와 공생하는 새들이 가져가서

그들 족속의 오랜 염원의 방식으로
허파 속에 꽈리로 채워 넣고
날갯죽지에 심으로 다져 넣어서
견비통을 견디며 천산산맥을 넘을 수 있다

피톨에 쇠편자가 박혀
중력에 항거하다 버둥거리며
바람에 쓸려 다니지 않고, 차라리
절벽의 낙석처럼 수직으로 떨어지고 싶어
매일 밤 번지점프에 중독 되어버린
몽상가를 새벽마다 건져 올리는 것도,
빛살무늬로 직조한 강보 같은
그의 그물해먹이다.

나비의 창세기

검은 허물을 깨치고 나와
어둑한 안개의 성내 미로를 탐색하는
갓 우화한 나비들

화차의 불화살 공격에
안개의 성벽이 타는 매캐한 냄새가
알파 α 파로 첫 활공하는
나비의 파동을 헝클어뜨린다

뚫린 성벽 구멍 사이로 화살이
천자 바늘처럼 파고든다
찔리지 않으려고
젖은 날개를 파닥이며
양수 속의 태아처럼
요리조리 피해 다닌다

애벌레 때 갉아 먹던
색과 향의 입자가 코딩된

미로의 지도를 기억해 두어야 한다
성벽이 다 녹아내리기 전에
날개의 문양으로 재현하기 위해

부전나비, 호랑나비, 팔랑나비들…
안개의 성벽 위에 워터스크린처럼
날개의 창세기를 펼쳐 보인다

성벽이 자취도 없이 사라지면
눈꺼풀에 빗장을 채우고
망막의 잔상을 흉벽에 부조로 새겨
밤마다 나비의 창세기를,
내 몽상의 원전을 읽어본다.

흑장미

적과 흑, 혼혈의 원적지는
빛과 어둠의 접경지역이다

그곳은,
유프라테스의 붉은 강을 거슬러
강물이 점점 검어지는, 그 시원의 발원지
어둠의 고원으로 가야한다

분화되지 않은 어둠과 빛의 방울들이
팔레트 위에 쏟아놓은 물감처럼 뒤섞이어
동산을 검붉게 물들이고 있다

그 여명의 불씨에서 발화된,
적과 흑, 자웅동주의 양성화,
그 혼혈의 꽃잎들이 판막처럼
북소리를 내며 열리고 있다

선천성 심실중격결손증인 나는
검은 입술의 신생아 때부터
허기가 질 때마다 붉은 꽃잎을 따먹는다

움켜쥐는 주먹 속의 꽃물이
스톱워치처럼 숨 가쁘게 두근거리는
내 심장 속 피의 원액임을 알겠다.

어둠의 결

저물녘에 산방에서 나와 알몸으로 산길을 걸어간다

어둠의 농도가 짙어지면서 살 껍질이 장 속의 캡슐처럼 녹는다
10시 경에는 살점 하나 없는 한 그루 벌거숭이 자작나무가 된다
0시가 되자, 강산성의 검은 기류 속에서 대퇴골 통뼈마저 녹아버린다
공중으로 증발하는 한 뭉치의 파동을 어둠의 결이 감싸서 모아준다
빛의 바늘로 깁지 않은 천의무봉의 검은 천이다
그 천의 결을 따라 분별의 마디 없는 델타파가 흐른다
태초의 어둠 속을 운행하던 율려의 기파이다

불빛 하나 없는, 형체 하나 없는
섣달 그믐밤, 진공 같은 빈 들판을 알몸으로 걸어간다
예리한 바람이 회를 뜨듯 살점을 베어내면
살 속의 신경 수상돌기가 마른 씨털처럼

기파의 율동을 따라 날아오른다
울혈의 세상이 만삭처럼 무거워지는 8시 경에도
머나먼 쓰나미파를 태중의 박동처럼 희미하게나마 감지할 수 있다

부엉이처럼 알파파로 몽유하는 3시경에는
어둠의 결이 가슴 깃털처럼 나의 기파를 품고
지상의 것으로 다시 부화시키려는 것을
새 살 돋아나는, 통점 없는 꿈결로 느낄 수 있다.

필

낯선 곳을 찾아갈 때는 윗도리 왼쪽에 필을 대동하고 간다
나의 쓸쓸함을 위로해주는 동반자이고
나의 두려움을 지켜주는 경호원이며
나의 넋두리를 받아 적는 필사원이기도 하다

모자 속에 감춰진 성근 이마는 위성안테나 같아
자동기술 하는 그의 뒤를 그냥 따라 갈 때도 있다
입술에 빗장이 질려져 과묵하지만
만수의 수문이 열리듯 괴성을 지를 때도 있다

허기진 그의 심장에 수혈하기 위해서
히말라야 석청을 캐는 빠랑게처럼
헤드랜턴을 켜고 등정하는 미친 산악인처럼
절벽 바위틈에서 지혈地血을 받아와야 한다

나와 포옹하다 그의 심장의 열기에 필화를 입거나
그의 야성의 앞 이빨에 목을 물려
생사의 기로에 서게 될지도 모를 당신을 위하여

적과 흑,
그 휴전선에 핀 흑장미를 세필화로 그려서
당신의 얄팍한 왼쪽 가슴벽에
부적으로 붙여 주기 위해서이다.

✍ 산문

산행과 수행

불교와 관련된 소재의 에세이 청탁을 받고 어떤 글을 쓸지 생각하는 중에 연주암이 있는 관악산이 맨 먼저 뇌리에 떠올랐다. 관악산이 가까이 있는 산이어서 자주 산행을 했고, 점심공양을 받은 적이 있기 때문인 것 같다. 글 구상도 할 겸 실로 오랜만에 산행을 했다. 40대에서 60대 초반까지 고등학교 동기들과 함께 이십여 년 간 격주로 주말등산을 했었다. 수도권 지역의 산들을 주로 가고 가끔씩 원거리의 유명한 산들도 등반했다. 수년 전부터 장시간 산행 시에는 무릎에 부담이 와서 양재천 걷기로 운동종목을 바꾸었었다.

거의 대부분의 산에 절이 있어서, 절 구경도 할 겸 경내에 들어가면, 불교를 믿는 친구들은 법당에 들어가서 삼배를 올렸다. 불교에 적을 두지는 않았지만, 불교적 세계관에 공유하는 바가 많은 나도 문 밖에 서서 부처님께 예를 올렸다. 교회에 적을 두기 전에는 주일 날 교회에 가는 아내와 딸들에게 "나는 높은 산에 가서 하나님을 더 가까이 볼 수 있다"고 농을 하기도 하였다. 한 가족 내에서 종교적으로 따로국밥 같은 처지가 좋지 않은 것 같아서 그 후 교회에 등록하게 되었다.

산행은 종교적 수행과 맥이 닿아있는 것 같다. 육체적 고통을 견뎌야 하는 산행은 종교적 극기의 수행수련 같이 생각되었다. 종교에 대해서 나는 하이브리드적 생각을 가지고 있다. 불교적인 것과 기독교적인 것을 나름대로 안에서 융화시키려고 하고 있으며, 믿음과 깨달음은 종교적 구원의 양 날개라고 생각하고 있다.

나의 산행 동기에 감천이 되었는지, 새벽까지 퍼붓던 비가 아침이 되자 뚝 그쳐서, 선선해진 기온에 산행하기 좋은 날씨가 되었다. 전에 자주 오르던 과천향교에서 시작하는 제1 코스로 올라갔다. 계곡 등산로에 나무계단이 설치되어 있어서 옛날보다 한결 편하게 오를 수 있었다. 이틀간 내린 비로 불어난 계곡의 물소리가 산 입구에서부터 나의 산행을 환호하며 반겨주었다. 나 홀로 산행이 자유롭고 나 자신과 장시간 대화할 수 있어서 좋았다.

다른 사람과 페이스를 맞출 필요 없이 힘들면 언제든지 아무데서나 쉴 수 있어 더욱 좋았다.

깔딱고개를 오를 때에는 앞서가는 엉덩이를 유혹의 미끼처럼 바라보며 시야에서 놓치지 않으려고 기를 쓰고 올라갔다. 체력이 달려서 결국엔 그 예쁜 엉덩이를 떠나보내고, 길가 바위에 걸터앉아 아내가 챙겨준 파프리카를 먹으며 원기를 보충해야만 했다. 배터리 충전 후 다시 다른 방둥이를 좇아 올라갔다. 허벅지와 장딴지의 통증을 참고 숨이 턱에 차도록 헐떡이며 오르는 산행이 고통스런 수행처럼 여겨졌다. 웃으며 하산하는 사람들이 마치 수행을 마치고 득도하고 내려오는 도반같이 대견스럽게 보였다.

계곡물 소리에 홀려 생각 없이(무념무상?) 가다가 주등산로를 벗어나고 말았다. 등산용 내비게이터가 있었다면 "경로를 벗어났습니다."라는 경고가 있었을 텐데. 희미한 길의 흔적을 따라 혼자 산비탈을 헤매다 보니 어지럼증이 생겨서 한참을 숨고르기를 해야 했다. 사람이 다니지 않는 곳에서 정신이라도 잃으면 안 될 것 같아 덜컥 겁이 났다. 겨우 등산로를 찾아 나오니 사람들의 목소리가 마치 천상에서 들리는 구원의 소리 같았다. 연주암 맞은편 산비탈 쪽으로 헤매었던 것이다. 연주대 쪽 주등산로에서 연주암 쪽으로 내려가서 다시 계단길을 올라갔다. 계곡의 물소리는 아득히 사라지고 극기로 버티는 고행의 산행이 되었다. 수없이 이어지는 계단 길 위로 하늘이 천국의 문처럼 보이기 시작했다. 마침내 마라톤 골인하듯 연주암 경내에 들어섰다. 2시간 반 내지 늦어도 3시간 내 도착해야 되는 길을 무려 3시간 반 만에 당도한 것이다.

별관으로 새로 지은 콘크리트 건물에서 점심공양을 하고 있었다. 여느 일반 기업체의 직원식당 같았다. 십여 년 전의 그 발우공양의 정취가 없어 실망스러웠다. 오늘의 메뉴도 비빔밥이었지만 그때처럼 먹음직해 보이지 않아 이번엔 점심공양을 받지 않았다. 옛날 그 발우공양은 나에겐 처음 먹어보는 절밥이었기 때문에, 배낭에 김밥이 있었지만 절밥을 먹어 보고 싶어 줄을 섰었다. 음식 준비에 고생하는 보살님들을 위해서 시주함에 배춧잎 한 장을 넣었다. 고추장에 비벼 먹는 산채 비빔밥이 아주 맛이 있었던 것으로 기억이 된다. 곁들여 나온 미역국도 간이 잘 맞았다. 먹이사슬의 엄중한 자연의 순리 앞에서 경건함과 감사함을 갖는 게 종교의 첫걸음이기에, 불교에서는 발우공양을 수련과 수행의 하나로 간주하여 법공양이라 하여 중히 여기고, 기독교에서도 먹기 전에 감사의 식사기도를 하는 것은 종교의 유무를 떠나서 성스러운 의례라고 생각되었다.

하산 중에 왼쪽 등산화 밑창의 접착이 떨어져 덜렁거려서, 발을 질질 끌며 조심조심 내려왔으나, 거의 다 내려와서 결국은 밑창이 떨어져 나갔다. 십여 년 나의 발을 감싸주었던 녀석이었다. 길도 없는 산비탈에서 헤매다 발굽이 다 닳아버린 채 순직한 말의 모습이다. 향교 앞에 당도해서 시간을 보니 오늘 산행시간이 무려 6시간 30분이나 되었다. 비록 길을 헤매고, 발우공양도 받지 못하고, 등산화까지 폐기하게 되었지만, 아직은 무릎이 건실하고 심폐기능이 양호한 지공선사라는 것을 확인하게 되어 기쁘고, 산정에서 발아래 마을을 솔개처럼 바라보며, 일상의 걱정거리를 바람에 날려버리고, 마음의 무게를 한껏 감량한 수행적 산행을 무사히 마칠 수 있어서, 큰 보람을 느낀 하루였다.

김세영 : 2007년 [미네르바] 등단. 시집 『물구나무서다』 『강물은 속으로 흐른다』 한국의사시인회 회장, 시산맥시회 고문, 성균관의대 외래교수, 문학의학학회 이사, 국제펜클럽 한국본부 인권위원.

빅 걸치 숲속에서* Big Gulchi Trail 외 4편

김 영 호

숲은 에덴의 거울이네.
이 숲거울에서 나를 보았네.
신비한 일은 나는 우는데
거울 속에선 나는 웃고 있네.
감사한 일은 나는 은발인데
거울 속에선 나는 청년이네.
은혜로운 것은 나는 혼자인데
거울 속에선 나는 친구들과 함께 있네.
숲은 낙원의 거울이네.
이 숲거울에서 나를 보았네.
키 큰 나무와 포옹을 하고 있는 나를.
산꽃과 입을 맞추고 있는 나를.
신에게 경배를 드리는 나를.
나 자신에게 사랑을 고백하는 나를.
우주의 중심이 된 나를.
숲은 태양의 아들로 나를 새롭게 출산한
시신詩神의 어머니였네.

* 시애틀 머킬티오 시 하버 포인트 마을의 숲.

애쉴랜드Ashland

시스키유스 산맥과 캐스케이드 산맥의 정기가 모이고
옛 인디언 다켈마부족이 물레방아를 찧고
한때 금광의 열기가 뜨거웠던
오레곤 남쪽 지방의 작은 마을 애쉴랜드
1935년부터는 쉐익스피어의 영혼의 도시이다.
여름마다 쉐익스피어 축제가 열려
매년 삼십오만 이상 관광객이 방문하여
"나흘을 머물고 네 편의 연극을 관람한다".[*1]
스트랫퍼드 호텔Stratford Inn[*2]에 여장을 풀고
나도 나흘을 묵으며 연극천국의 시민이 되었다.
첫날은 엘리자베스 야외극장에서 「한여름밤의 꿈」
둘째 날엔 앵구스 보우머 극장에서 「리어 왕」
셋째 날엔 검은 백조 극장에서 「로미오와 줄리엣」
넷째 날엔 소극장에서 「햄릿」을 감상했다.
매일 매표소 앞 줄을 서서 사람들과 나눈 정담과
관람 후 무대 구경과 배우들과의 만남 역시 문화체험.
100에이커의 수목이 울창한 리시아공원Lithia Pk.
그 산책로의 계곡물 소리가

몸과 마음을 초록색으로 물을 들였다.
이태리 레스토랑의 지중해식 농어요리와 커피는
청춘을 되돌려 주었다.
드높은 애쉴랜드 산정[*3]의 흰 구름이 사랑의 양식
음악을 연주하는 산림들을 지휘하고 있었다.
사랑과 예술과 자연이 아름다운 애쉴랜드
마음이 즐거우니 하루 하루가 천국이었다.

* 1. "Stay four days and see four dramas"라는 말이 전통이 되었다.

* 2. 쉐익스피어의 생가가 있는 영국의 〈Stratford-Upon-Avon〉을 따온 호텔명.

* 3. 애쉴랜드 15마일 밖의 7523 Feet 고도의 Mt. Ashland.

오레곤 기차여행

고국이 그리우면 오레곤을 향해 기차를 탄다.
오레곤의 대지에선 고향의 흙내음이 더욱 짙기 때문이다.
차창 밖의 드넓은 평원은 어머니 가슴으로
먼 거리의 눈산은 아버지의 가슴으로 품어준다.
오레곤행 기차를 타면 콜롬비아강이 햇살춤을 추고
푸드산의 합창소리가 길을 안내한다.
푸른 초원이 태초의 에덴동산이다.
풀을 뜯는 소떼들이 형제 같고
시냇가의 나무들이 성자 같다.
순한 양들이 나의 혈육이고
풀꽃들이 수녀들 같다.
조용히 머리를 숙인 가축들과 초목들은
어이 저토록 평화로운가.
저들은 사는 일이 사랑만 하기 때문이리라.
미움이 없는 사랑의 생각만 하고
거짓이 없는 사랑의 말만 하기 때문이리라.
하여, 저들은 아직도 창세때의 눈빛으로 바라다본다.

유진 * 에서 다시 시애틀로 돌아오는 기차여행
그것은 태초의 우주 속으로 들어갔다가
한 마리 양이 되어 오는 우주여행이다.
창세의 우주가 나의 가슴속으로 들어와
한 그루 버드나무로 나를 빚어낸다.
오레곤 기차여행은
내가 우주를 순례하고
어린아이로 돌아오는 중생重生의 여행이다.

* 유진(Eugene) : 오레곤의 중부에 위치한 교육중심 도시.

폴스보Poulsbo의 바다 한 접시

시애틀의 유월 하늘은 스캔디나비아 바다 물빛이다.
북해와 발틱해의 강렬한 초록 물결의 하늘
흰 구름 크루즈를 타고 "작은 노르웨이" 폴스보로 갔다.
킷샙KITSAP반도의 한 작은 어촌 마을인 폴스보,
일찍이 북유럽풍의 지형에 이끌려 정착해 고기를 잡고
배를 만들며 벌목과 농사를 짓던 바이킹들의 옛 동네.
호수처럼 잔잔한 물결과 그 해안가에 자리한
노르웨이 특유의 붉은 목조건물들로 형성된 다운타운,
언덕 위의 고풍스런 교회와 화려한 꽃들로 치장한 주택들,
깊은 명상에 잠긴 항만의 수많은 요트들,
노르웨이 그리그Grieg의 음악 "페르귄트Peer Gynt"가
서정적 선율로 연주되는 오페라의 무대 같았다.
해안의 레스토랑 광어요리에서 갈매기의 노랫소리 맑고
세계적 명성을 자랑하는 빵집Sluys Poulsbo Bakery의
엘몬드 도넛은 디저트로 일품, 오슬로 거리를 걷는 감흥을 주었다.
"폴스보 예술 산책"Poulsbo Art Walk은 바이킹 고유한 문화와

후손들의 현대작품들과의 어우러짐을 볼 수 있었다.
〈푸른물 화랑〉Blue Water Gallery은 그 안이 바다,
바닷물 화랑 속에 들어가 화가와 예술품을 만났다.
공예가가 바닷물을 떠 구워낸 〈바다접시〉를 아내에게서 선물 받고
꽃잎들을 녹여 빚은 〈화단접시〉를 선물했다.
〈바다접시〉에서 그리그의 〈페르귄트의 아침〉이 감미롭게 들렸다.
해안가 둘레길을 산책하다 빈 보라색 벤치에 앉으니
온몸이 보라색 물이 들어 마음이 모처럼 귀가 웃는 것을 보았다.
노르웨이 하늘을 만지고 바다를 만지고 그리그를 만난 폴스보 여행,
다시 흰 구름 크루즈를 타고 돌아오는 길
선상의 아내 친구, 그녀의 이마에서 해당화가 환하게 피어나고 있었다.

카킥 비치*의 해당화Karkeek Beach

수줍은 조선의 여인
낯익은 고국의 여자
해당화가 나의 가슴을 열고 들어와
바닷물을 들이부었네.
꽃잎 속에서 파도가 출렁이고
분홍 저고리 누이가 걸어 나왔네.
흰 물결白浪 나의 청년이 뛰어 나왔네.
누이를 실은 기차가 바다 위를 달리고
청년을 업은 바다가 기차를 타고
고향을 향해 달려갔네.
카킥 비치의 해당화
나의 눈을 밟고 들어와
새 하늘 새 땅을 열어 보였네.
낯설은 세상을 다정하게 만들고
냉랭하던 사람들을 초목으로 만들었네.
지구를 흔드는 것은 기적(汽笛)소리
그것은

나그네의 생生이 우는 소리가 아니었네.

그의 영혼이 부르는 생의 승전가였네.

* 카킥 비치 : 시애틀 북쪽에 위치한 카킥 공원의 해변.

김영호 : 미국 일리노이주립대 졸업(박사), 1991년 [현대시학] 등단. 시집 『당신의 초상』 외 다수. 저서 『한용운과 휘트먼의 문학사상』 등. 현재 숭실대 영문과 명예교수.

하루 외 4편

김 태 일

태양이 옷자락을 펼쳐 황금벌을 날린다.
모양과 색깔이 깨어나 출근준비를 하고
만물이 저마다 볼륨을 높여 하루를 달군다.

피리소리가 밤을 관통한다.
작업복을 벗은 하루가 퇴근준비를 하면
휴식을 위해 하늘과 땅이 입을 맞춘다.

한 곳에 머물 수는 없다.
별은 단 한 번 몸을 사루기 위해
수 천만 년을 반짝인다.

지평선 홍건하게 누운 태양이
별을 불러 등을 밝히고
밤새워 싱싱한 하루를 낚아 올린다.

물방울

물방울이 등을 말아 손금을 본다.
연잎의 손금이 물방울 따라 흔들리고
멀리서 새벽의 저음이 밀려온다.

해는 아침마다 사다리를 내려준다.
위로 오르면 새 몸을 입게 된다.
하늘에 몸을 담가 구름이 되어라.

물방울이 눈썹에 앉은 시간을 털어낸다.
가을걷이 끝난 들판에서 잠시 생각하다가
볍씨 물고 날아오르는 새 잔등에 맺힌다.

2인자

알려고 하지 않고 토를 달지 않는다.
말귀를 알아듣고 요령搖鈴을 흔들지만
둘째아이처럼 늘 외롭다.

때가 오지 않아도 좋다.
애당초 그런 꿈은 꾸지 않았다.
부족함을 차곡차곡 메워갈 뿐이다.

바늘에 침묵을 꿴다.
그늘의 어깨를 토닥이면서
흐트러진 비늘을 모아 기운다.

불거지는 마음을 숫돌에 간다.
손가락마다 흰 나비를 날리며
마음의 빈 공간을 채워나간다.

거꾸로 보기

사과 속의 씨는 누구나 셀 수 있다.
씨 속의 사과는 하늘만이 안다.
사람들이 다리 새로 물구나무를 선다.

풍경이 어둠 속으로 스며들면
밤새 거꾸로 보기가 익어가고
한 뼘 자란 빛이 바로보기를 펼친다.

바로보기 거꾸로 보기가 반복되는 세상
바로보기가 세상을 한곳으로 몰고 간다.
거꾸로 보기는 들숨날숨처럼 쉽지 않다.

보이지 않을 때마다 주저앉았다.
난생 처음으로 고개를 돌려본다.
빛이 멀뚱멀뚱 어둠을 쳐다본다.

봄바람이 서성일 때

스치는 순간을 붙들기 위해 메모한다.
삶을 출렁이게 하려고 자판을 두드린다.
봄바람이 깊은 곳을 찬찬히 띄우고 있다.

노잣돈 대신 아들손자 한 번 안아보고 갈란다.
어머니는 아파트 창문 밖으로 손을 흔드시며
떠나가는 아들네의 모습을 가슴에 담으셨다.

봄바람이 서성일 때 꽃잎 타고 오실 당신
자개경대 앞에서 분단장하시던 복숭앗빛 세월
어머니의 달뜬 목소리도 함께 오시겠지요.

추억은 장롱 깊숙이 넣어둔 낡은 옷가지
그 옷가지를 꺼내 가슴앓이 하는 일이다.
봄바람이 서성이는 오늘 문득 찾아온 그날

✎ 산문

시작 노트

학창시절에 행소杏巢동인으로 활동하면서 시를 쓰긴 했지만 직장에 들어가면서 멀리 했던 시 쓰기를 다시 시작한 건 환갑이 지나서였다. 이는 참스승이자 삶의 멘토이신 구용 선생님에 대한 추억과 행소동인으로 활동하면서의 아련함을 되살려보려는 욕심 때문이었다.

나는 시를 써야한다는 생각 하나로 쓰고 있기 때문에 딱히 정립된 시관詩觀이 있을 리 없다. 하지만 나의 시 속에 녹아들어있는 생각 중 하나는 '순환'이 아닌가 생각된다. 기독교에서의 부활과 불교에서의 윤회, 천체의 자전과 공전, 계절의 변화처럼 지금의 '나'라는 존재도 결국은 자자손손子子孫孫 이어지면서 어딘가에는 그 숨결이 다시 살아날 것이라는 어슴푸레한 희망을 갖게 되는

데 이는 죽음에 대한 두려움을 떨쳐보려는 안간힘이라는 생각도 든다. 이번 작품 중 「하루」, 「물방울」이 바로 이런 생각을 담고 있는 것 같다.

삶의 한 바퀴를 돌고나서부터 가끔 지난 세월을 반추해보게 된다. 너무나 순탄하게 살아온 지난날을 생각하면 뭔가 아쉬운 생각이 든다. 하지만 그 순탄했던 세월 속에는 잊혀지지 않는 기억들이 박혀있다. 「2인자」 「거꾸로 보기」 「봄바람이 서성일 때」가 바로 그런 시가 아닌가 생각된다.

물론 이런 몇 가지 생각으로만 시를 쓴다고 하긴 어려울 것이다. 지금 나에게 중요한 것은 어렵게 다시 시작한 시 쓰기에 대한 끈을 놓지 않고 지속할 수 있느냐 하는 것이다. "왜 시를 쓰는가?"라는 질문에 시인이나 평론가들은 여러 가지 답변을 할 수 있겠지만, 자신에게 보람되고 남에게는 조금이나마 도움이 되는 그런 몇 줄의 글귀를 찾는 활동이 바로 시 쓰기가 아닐까 하는 생각을 해보게 된다.

김태일 : 부산 구포 출생, 성균관대 경제학과 졸업. 2011년 편지문집 『신라엽신』 발간, 2013년 [리토피아]로 등단.

폐업 안내문 외 4편

박 철 웅

식료품가게 벽에 북어가 십자가의 예수처럼
자신의 몰골을 걸어 놓고 죽음을 보여주고 있다

북어 곁에 굴비도 대롱대롱 매달려서
자신의 모습을 굳건하게 보여주고 있다
—죽기 살기로 살아가라는 예언 같다

가게를 지날 때마다 생을 접으면 저런 몰골이구나
생을 폈다가 접었다가 또 펴 보는 일이 일상이다

가게 벽에 굴비도 북어도 사라지던 날
유리창에 문장 하나 유언처럼 걸려있었다
—사업을 접습니다 내 목숨 같은,

시인

미안하다
뭐라 말할 순 없어도
글 쓰는 집안이라 가난하다는
목월의 아내 얘기 아니더라도
삶은 충분히 가난하구나
가난하여 삼경이 넘도록 초승달은
배가 고프고
구름 사이로 유영하는구나

미안하다
오늘, 뭐라 말할 순 없지만
왼 어깨론 허공을 밀고
오른 어깨론 공허를 밀고
노트를 적시구나
훗날, 혹 시간이 나거든
말 없는 말을 짚어 보아라
가끔은, 문장 속으로 놀러 오너라

그래도

날도 저물어 하루가
떠나려 할 때

온종일 공원 벤치에 앉아
풍경 아닌 풍경을 바라볼 때

그냥
달이 차오르길 기다려야 할 때

수평선 끝. 아물아물 보일 듯 말 듯
섬 하나, 그래도

혀 안에 섬을 가두었다 풀었다
멍하니 생각이 뒤척일 때

풍경 너머 실낱처럼 걸려 있는
희망의 섬, 그래도

저녁에 앉아

쓸쓸이란 친구와 함께 커피를 마시다 보면
여러 가지 생각들이 다녀간다

그 중의 하나, 흘러간 시간 …
오늘보다 많은 시간이 흘러갔지만
많은 사연이 흘러갔지만
지금 남아 있는 건
이 시간의 나

흘러간 것들은 다시 오지 않을 것이고
이 시간도 흘러갈 것이고

지금 이 시간의 할 일은
아, 아, 행복하다! 고
한 번 쓰윽 웃어보는 일
습관처럼 중얼거리는 이 시간에
허무를 던지고
한 번 쓰윽 웃어주는 일

세월을 낚는 나무처럼

기도하는 신부처럼

시집을 건네다

바람이 스치고 지나가듯
소소한 실수는 울림이어라
찻잔 속의 고요처럼 떨림이어라

오늘 아침, 출근길에서 한 사람을 만나고
그 사람은 공덕역으로,
나는 서울역으로,
전차는 뛰뛰빵빵 떠난다고 울어대는데

문득 한 생각이 일어 시집 한 권 능금처럼 꺼내어서
닫히는 문틈 사이로 살포시 밀어 넣어 주었네
아뿔싸!
누군가에게 전해줄 요량으로
몇 줄 적어 둔 시집을 건네 주었네.

그 사람, 첫 페이지 넘기려다 머무를 생각하니
찻잔이 사르르 떨리네
커피 향도 어지러운 듯 아지랑이처럼
뒤척이고

아, 민망한 떨림!
부끄러움에, 씁쓸함에,
미안하다는 문자메시지 하나 건네고서
찻잔만 바라보며 ㅜㅜ
일렁이고 있네

소낙비

지나가는 예쁜 아가씨를 바라보며 팔딱팔딱 튀는 생선 같다던 바람둥이 친구가 며칠 전 저물어가는 해를 마주하며 지금도 청초로운 여인을 바라보면 풋풋한 꽃잎처럼 예쁘다고 웃는다. 팔딱팔딱 튀는 생선이 꽃잎으로 바뀌기까진 춘추의 계절이 몇 강산도 더 바뀐 오늘, 웬일인지 바람둥이 친구가 그립다. 그 친구 말처럼 팔딱팔딱 튀는 생선을 수없이 바라보면서 한 송이 꽃보다도 더 아름답다고 느꼈던 나는 그랬지. 꽃을 꺾으면 시드는 거라고, 그래서 사랑하는 사람은 꽃을 꺾지 않는 법이라고…

이젠, 안경을 쓰지 않으면 잔글씨도 못 읽는 50대 후반의 아비가 되어 어릴 적 그 친구의 나이가 내 아이들 또래라는 것을 불현듯 깨달을 때마다 그 시절 내 생각이

옳았느냐고 답도 없는 자문을 하며, 또 자문을 해보며 어릴 적 순이와 영희의 얼굴을 떠올려 본다. 세월이 많이 흘렀지. 가끔가끔 어쩌다 동창회에서나 볼 수 있는 그 아이들, 할머니를 바라보며 그때 그 시절의 아이들을 생각해보곤 하지.

오늘은, 문산행 경의선 열차를 탔어. 하얀 얼굴에 싱싱한 살결에, 입술은 사알짝 열어둔 채로 꿈속에 빠진 한 아가씨를 보며, 예쁘다! 참 예쁘다! 몇 번이고 감탄하며 나도 꿈을 청했지. 꿈속에서나마 옛날로 돌아가고 싶은 그런 마음으로 한참을 자다 일어나 보니 그 아이가 나를 바라보고 있더구먼, 잠시 저 아이를 팔딱팔딱 튀는 생선 같다고 해야 할까, 코스모스처럼 하늘거리는 한 송이 꽃 같다고 해야 할까 생각하고 있는 사이, 그 아이는 열리는 문 사이로 아장아장 날아가더구먼, 그래. 날아가는 거였어. 나도 한 마리 나비가 되어 날아가고 싶었지만 나에겐 퇴화한 날개만 존재한다는 것을 인식하는 데는 별로 많은 시간이 걸리진 않았어.

하늘이 무척이나 맑다. 구름도 근심걱정 없는 듯 달빛처럼 흐른다. 오늘은 소낙비가 내린다더니, 소낙비는 내리지 않고 내 마음속엔 뜬금없는 황순원의 소나기만 내린 모양이다. 집에 가면 꽃밭에 물이라도 줘야 할까 보다.

박철웅 : 2012년 [리토피아] 등단, 협동조합 유앤아이 이사장.

유월 외 4편

방 지 원

만삭의 넝쿨장미는 기어코
만월을 기다려 몸을 풀었네
서로 몸 기대어 축복을 나눈
영롱한 흔적
생살 찢는 고통을 깨물어 참은
붉은 빛 덩이덩이 천지에 꽃이네

지축 한 귀퉁이 무너지는 떨림을 아는 듯
수술한 내 손이 자꾸 저릿저릿 하네
숨이 멎는 고통이면 꽃을 피우는가
열정은 고통보다 위에 있는가

참을성 많은 계절
장미무늬 묵주 들고 길을 나서네
다시 잉태를 기다리는
해쓱한 달이 다녀간 푸르스름한 길을
성자처럼 건네.

쇼팽과 춤을

간헐천의 용솟음이 그랬을까
응축된 열정을 한꺼번에 뿜어내는
눈부신 절제 숨 막히는 마성의 선율을
쇼팽 당신은 많이도 썼지
그 애잔한 민속춤곡 마주르카에 맞춰
나는 당신과 춤을 추네

슬라이드 컷 홉!

푸른 하늘이 모두 내 것이던 꿈같은 시절
뭉클 그때가 그립네

슬라이드 컷 홉!

비단처럼 고와라
절망과 고뇌의 창백한 손끝에서
시로 피어나는 찬란한 세계
영혼의 소리를 함축하는 피아노의 시인

당신의 마주르카 친필 악보를 놀랍게도 만난 날
아무래도 나는
당신의 영원한 조국 폴란드를 사랑하게 될 것 같네

슬라이드 컷 홉!

느낌표

번지점프를 한다
훨씬 깊어진 협곡 사이 긴 풍경을 바삐 스캔한다
온몸을 곧게 거꾸로 세워 한바탕 먹은 맘까지 토한다
맑아져서, 고요한 이명
바오밥 나무의 뿌리가 보일 때까지 낙하

숨이 차다
날개펴기 딱 좋은 지점에서
한번쯤 능숙함을 보여줘도 좋겠지만
뭉텅 마음뿐인 곡예는
서툰 무늬를 그릴뿐
미동 않던 나무들이 잠시 잔기침을 하고
바다 속 소리 없는 일렁임 희미하다

추락이 아닌 직진
뒤집어보는 우주의 바닥은 특별해서
물구나무 서봐야 문득 바로 보이는 세상
늘 오리무중 그의 개펄에 깃발 하나 꽂고

다시 돌아가는 길
무심한 바코드를 인증으로 받는다.

노을

맨발로 춤을 추었네
땀범벅의 머리칼 흐트러진 드레스는
동행한 바람이 질펀히 부추겼네
박수소리 오래 오래 붉은
이름 없는 무용수의 공연은 화려하네

부끄러워서, 공연히 부끄러워서
맘껏 펼쳐보지 못한 춤사위
품었던 속엣 것 모두 토해내는
진땀 밴 율포 해변이 흐드러지게 검붉네
이젠 눈치 볼 여백이 없으니
바람의 갈기를 닮아도 좋다고 하네

시린 발 품고 녹여주던 더운 가슴 있었네
간지러워 키득키득 꼼지락꼼지락
조그맣고 하얀 발이 손보다 고왔네
양지와 음지를 숨차게 돌아 피맺힌 발에게
마지막 공연을 바치네.

지옥계곡

일본 노보리베츠 지옥계곡 안내판 앞에서 활짝 웃으며 기념사진을 찍고 노보리베츠 성당에서 미사를 드렸다. 화산가스와 유황냄새로 뒤덮인 계곡이 꼭 지옥을 닮았을 것이라고들 하지만 알 수 없는 일이다. 직경 450미터의 분화구는 열기로 가득하고 1분당 3천 리터의 열탕이 솟는다. 지나는 바위며 돌 틈에서까지 수증기가 솟아 서늘한 날씨에 걸터앉으니 따뜻했다. 계곡물이 효능 좋은 온천수라 해서 밤에 커다란 온천탕에 몸을 담그고 시원하게 때를 씻었다. 지옥을 보고 놀란 마음과 몸이 개운했다. 일본 천주교 박해 때, 두 여인을 세워놓고 끓는 물을 서서히 부으며 고문을 하고 배교를 종용했다는 이야기가 새삼 떠올랐다. 지옥을 보고 착해졌는지 이튿날 아침 얼굴이 모두 뽀얗다. 지옥과 천당을 한꺼번에 본 셈이다.

산문

글라라에게

—숲에서 띄우는 편지

이곳은 우리가 문학기행차 온, 사슴을 닮은 아기사슴섬 소록도 숲이야. 눈망울이 슬픈 사슴을 닮은 한센병 환자들이 천형처럼 사는 곳이지. 섬 전체가 온통 푸른 숲으로 이루어져 있고, 기기묘묘한 많은 종류의 나무들이 저마다의 빛깔로 아름다워서 나무 아래 한참씩 지체하며 감탄을 금치 못하겠어.

조용하고 깨끗하고 성스럽기까지 한 이 숲에서는 말소리도 저절로 줄어들지. 숲 한 곳에는 커다란 십자가가 연못 위에 세워져 있고 성모님 상도 아늑하게 높이 모셔져 있어서 저절로 무릎 꿇고 기도를 하게 되네.

환자들이 매일매일 문드러지는 그들의 조막손과 발가락과 몸뚱이로, 기도하듯 이 숲을 만들고 길을 닦았다고 해. 적막하고 고요한 평화가 오히려 슬픈 이 숲에서 그들의 마음과 몸이 속히 치유되기를 기도할 뿐이야. 고통이 심했겠지만, 그래도 이렇게 숲을 이루면서 그들의 심신도 많은 치유가 되었으리라 확신해. 새소리만큼이나 맑은 공기를 마시며 우리도 조금씩 맑아지고 있어.

소록도 박물관에선 일제 강점기에 한센인들을 감금, 생체실험과 강제로 정관수술을 시키던 '단종대' 등을 돌아보며 모두 눈시울을 적셨지.

정관수술을 당할 때의 느낌을 적은 25세 청년의 시를 읽으며 더욱 침울해졌어. 감옥을 무성하게 뒤덮은 담쟁이는 그 일을 기억하려나.

한하운 시인의 「보리피리」 시비와, 땅을 향해 긴 창을 겨누며 "한센병은 낫는다"고 말하는 구라탑救癩塔 꼭대기의 미카엘 대천사도 있네. 미카엘은 바로 그의 세례명이잖아 그래서인지 그의 창끝에 나의 기도가 더 보태지더라고. 언젠가 보았던 몽셍미셸 성당 꼭대기의 미카엘 대천사상 생각도 났어. 하느님께서는 불행한 일이 있는 곳으로 그를 보내시나봐.

어제, 소록대교를 건너, 구불구불 이 섬에 들어서면서 우린 짙은 저녁안개를 만났어. 앞이 잘 안 보이니 갑자기 차 안의 분위기도 엄숙해졌어. 바로 전 우리는 바다로 떨어지는 유난히 아름다운 노을을 보며 탄성을 지르고 사진 찍기에 바빴었거든. 갑자기 죄지은 사람처럼 두렵고 미안해지더라고.

다시 밝아진, 해질 무렵의 소록도 해변은 아름답지만 쓸쓸했어. 사람 하나 보이지 않는 바닷가엔 조그만 나룻배 한 척만 노을을 얹고 있었지.

숲길을 사이에 두고 환우들과 한 섬에서 잠을 자고, 새벽 새소리 따라 숲길을 걸으며 그들의 성당과, 그들이 한 달에 한 번 새벽에, 한센인과 미감된 가족들이 서로 멀리서 얼굴 마주보며 울기만 했다는 안타까운 바위에 가보았어. 그때 그들이 손을 허우적거리던 광경이 보이는 듯했어.

이번엔 한 명의 환자도 만나지 못했지만 여기저기서 그들의 숨결이 느껴져. 배가 뜨고 다리가 놓이면 뭐하나 그들은 세상으로 나갈 수도 없고 아무런 꿈도 꿀 수 없는데.

사슴의 눈을 닮은 맑은 영혼들. 숲이 없었으면 그들이 그나마 살 수 있었을까. 숲에서는 지금 생명을 위한 놀라운 움직임이, 치유를 향한 기도가 뭉클뭉클 하늘로 오르고 있어. 숲은 얼마나 경이롭고 고마운 자연인가.

방지원 : 국제펜클럽한국본부 심의위원, 한국문인협회 이사 역임. 한국시인협회, 한국가톨릭문인회, 숙명여대문인회 회원. 시집『한 고슴도치의 사랑』외 3권.

명사 외 4편

백 우 선

언제 어떻게
울 것인가를 아는

명사산 모래는
어디에나 있다.

온 나라 모래가
또다시 운다.

방파제, 길, 아파트, 빌딩의
콘크리트 모래까지 운다.

작아도 너무 커도
못 듣는 소리,

모래는 바람으로
우레의 우레로도 운다.

국수

1.

면발은 밥이 목숨 줄이라는 웅변이다.

집과 일터로 이어지나 곧잘 끊어진다.

도시락은 줄을 달고 굴뚝을 오르내린다.

빗줄기는 하늘에서도 잇는 면발이다.

2.

맛있는 국숫집에 줄을 서더니

은행, 슈퍼, 투표소에도 줄줄이 국숫줄이다.

후루룩후루룩 잘도 먹힌다.

괜히

그냥 편히 살게 할 걸
괜히 시를 쓰게 했다며
세상을 앓게 했다며
여든이 다 되신 은사님은
술김에 울먹이셨다.

아니 선생님 덕분에 행복합니다, 라고 했지만
나도 목이 메어 제대로 말씀드리지도 못했다.

너무 잘 쓰려고도 하지 말고
많이 발표하려고도 하지 말고
천 명이 한 번 읽는 시보다
한 명이 천 번 읽는 시를 써.

사람들의 입맛을 따라가지 말고
쓰고 싶은 대로 쓰되
오래 남을 시를 써.

그냥 편히 살게 할 걸 괜히…

댁으로 모시는 차에 오르면서도
그 말씀을 덧붙이셨다.

삼전도탑

흔히 삼전도비라고 하는
대청황제공덕비가 있는 곳에 나도
대자본기술공덕초고층탑을 세우려 했더니
인질, 포로, 세폐 행렬이 어른거렸다.

불가불 두루 순항順航하라고
호수 맞은편에
크레용으로 123층 표시를 한
높이 555밀리미터의
대자연공덕전나무탑 한 그루를 심고는

막걸리를 나눠 마시며
탄탄하고 향긋한 흙바닥이랑
찰랑이는 물결과도 함께 껄껄거렸다.

하느님 모녀

내 하느님은 절망에서 태어난다.

참혹, 불안, 공포에서 탄생한다.

그래서 그러는지

자기 어머니는 어쩌지 못하고

나만 다독거린다.

사람들만 둘러본다.

모녀가 닮아 보이지는 않는다.

백우선 : 1981년 [현대시학]으로 등단, 1995년 한국일보 신춘문예 동시 당선. 시집 『봄의 프로펠러』 등. 동시집 『지하철의 나비 떼』 등.

봄이면 가끔 통증 외 4편

소 율

꽃 진다 불꽃처럼 타오르던 절정의 순간
검푸른 바다를 향해 동백꽃 몸을 던진다

그녀는 왜 몸을 던져야 했을까 너울파도 속으로 회오리치듯 빨려 들어갈 때 열여섯 청이는 이미 혼절해 있었을까 기도 어디쯤에 주저앉아 울던 밥알들 그래도 꺼억꺼억 흐느끼며 그녀 뒤를 따라갔을까 아득한 시절보다 더 아득하게 굳어버린 기억 속 어미를 향해 그리움 절절히 쏟으며 떠나갔을까 그렇게 뛰어든 바다 심연의 계곡에서 그녀는 왜 아비가 아닌 어미는 만나지 못하였을까, 여수의 봄날은 가고 오동도의 동백은 지고 전설 속에서 유독 선명한 여인들 화려하게 부활해 있는, 그 앞에서 한 남자가 연신 카메라 조리개를 들이대며 셔터를 누르고 있다

꽃 같은 청춘 통째로 유혹하는 봄이면
가끔 가슴 한쪽이 아릿한 슬픔으로 뻐근해오는

아침 창가

아침이면 유난히 붉어지는 장미꽃, 있다 햇살 기웃대는 내 집 창가에 기대어 서서 넝쿨 따라 꽃들 송이송이 피어오른다 하늘빛 우울할수록 빛깔 더욱 선명해지는 꽃송이, 보면서 안도한다 위안은 항상 타인에게서 온다 푸른 하늘을 이고 유난히 환하게 웃고 선 저 장미는 오, 수 해 전 어느 해안가 절벽 아래 누웠던 가지였던가 사흘하고도 스무 시간 더 지나야 온다는 겨울 그 초입의 즈음 파르르 몸 떨며 웅크려 있던 여린 꽃가지 하나 불쑥 내게 다가와 품 안 가득 꽃으로 뒤덮고 있네

아침이면 내 집 창틀 위로 장미꽃 넝쿨 우거져간다
나는 장미꽃 유난히 붉어지는 창가에 앉아
붉은 장미꽃보다 더 붉게 벙글어가는 햇살을 마신다

사월 오동도

아녀라 암것도 아니어라
그저 꽃잎 하나 사뿐히 지고 있을 뿐

햇살은 물결 따라 일렁이는데
석양을 물들이는 사월 동백꽃
뒤돌아 서성이네 황홀한 이별

봄바람에 스러지듯 떠났던 그대
또 다시 그렇게 떠나려 하네

가지 마,
제발,

푸른 물결 어질대는 바다 한가운데로
한순간에 몸 날리는 새빨간 동백
가끔은 아주 가끔은
훌쩍이며 눈물짓는 사월 오동도

아녀라 암것도 아니어라
그저 꽃잎 하나 사뿐히 지고 있을 뿐

풀등

파도소리에 잠이 들고
파도소리에 잠이 깨는

그곳에 방이 있나요

새벽별 지고 나면 떠나야 해요
휘파람소리 나직이 들려올 때쯤
바다 속 고래 한 마리 어둠을 뚫고 불쑥 솟아올라요

유폐된 공간에서 사철 내 잠들어 있는
섬 풀등에 서서

하늘을 올려다본다

저 멀리 보이는 능선을 따라
슬픔보다 더 붉게 타오르던 진달래

끝내 바람 버석이며 불어오고
뱃길 끊어진다
기억마저 끊겨져 온다

그곳에 방이 있나요

파도소리에 잠이 들고
파도소리에 잠이 깨는

여전히 풀등

울지 말아요 그대
세상은 온통 꽃밭인 걸요
파도가 유난히 뒤채고 나면
창백해진 얼굴로 바다는 달려 나가고

끝도 없는 저 모래사막을 뚫고
거뭇 누웠던 꽃들 다시 피어오르고
가마우지 흙터를 안고
당신은 언제나 저만치 있고

혹 간밤에 내가 단잠을 이뤘던가요
풀 한 포기 보이지 않는
이곳은 여전히 풀등 그 외로운 풀등에 서서
그대여, 울지 말아요 제발

✍ 산문

'행복한 미용실'을 탐하다

'행복한 미용실*', 그 앞을 지날 때마다 나는 생각한다. 저곳에 들면 정말로 행복해질까?

개입의 경계를 넘어 무차별 침범을 당한 흔적이 낭자한 그곳에서 꽃은 피어난다네. 온갖 '정성'과 '미소'와 '만족'이라는, 세상에서 가장 불투명한 성분을 지닌 국적불명의 약제. 분량을 정확히 계량해 넣어야 마침내 완성된다는 '미美의 행복방정식'.

겁도 없지. 사람들, 마법사 손에 자신의 머리 불쑥 내맡겨 놓고 그 위에서 구부리고, 펴고, 말고, 자르고, 또한 죽이고 살리는 영역까지 감히 관대하게 허용해놓는 호기라니…….

날카롭게 날 선 가위를 들고 오늘도 마법사는 말채찍 휘갈기듯 거침없이 앞으로 달려 나간다. 그의 임무는 폭풍우 휩쓸고 지나간 자리, 들판을 휘젓다 돌아와 앉은 몹시도 거칠어진 중년 아낙의 머릿결을 부드럽게 어루만지며 한 잔의 소다수 군말 없이 상큼하게 내밀어 주는 일.

거기엔 혹 행복이란 시약이 들어있을까? 아낙들은 그가 내민 소다수 한 잔에 한결같이 난 행복해, 참 행복해, 주문을 읊조리며 정말 행복한 표정을 지으며 문을 나선다. 산들산들 바람마저 상쾌한 어느 시월의 한낮. 바람에 흔들려 비로소 아름다운 강가 버드나무 가지의 고혹적인 자태를 본다. 또 그렇게 일렁일렁 일렁이며 문을 나서는 그녀들 머릿결 위로 뭉게구름 뭉게뭉게 피어오르고 청명한 하늘빛이 눈에 부시다.

생각건대 인간의 본질은 추레함을 거부하는 것에서부터 출발한다지. 아름다움은 인간이 스스로의 행복을 위해 벌이는 최소한의 장치 같은 것. 이따금 살아있음을 확인하기 위해 욕망의 장 펼치는 1인 퍼포먼스, 나 홀로 깜짝쇼. 혹은 또 다른 행위의 예술.

인간은 아마도 아름다움이 더 아름다워질 때까지 결코 질주를 멈추지 않을 터.

한 여자의 정수리 위로 마법사의 손길이 쏜살같이 스쳐 지나고 있다. 그곳은 하늘로 들 단 하나의 비밀의 문, 그 성스러운 영역을 향해 말은 갈기 휘날리며 달리고 또 달려 나가고 관자놀이 펄떡 뛰는 푸른 산맥을 넘어 기어이 가파른 생사의 절벽에 엄숙히 선다. 우주가 그곳에서 열리고 닫히고, 맥이 끊기고 이어지고, 그럼에도 사람들은 그 속에서 여전히 아름다움을 만들기 위해 기회를 본다.

한 여자의 목덜미 주위를 마법사의 손길이 쏜살같이 스쳐 지나고 있다. 사람들은 그 목덜미 안쪽에 자리한 구멍을 힘껏 열어제껴 먹고, 마시고, 말하고, 웃고, 울고, 쏟고, 뱉고, 삼키고, 세상의 모든 희로애락 맘껏 담아 올려 생을 유지해간다. 바다에선 하염없이 부서지고 깨지며 나아가야 파도라 하듯 물줄기 또한 아래로 곤두박질치며 굽이굽이 흘러야 강물이라네.

아름다움은 실로 그렇게 완성되는 것. 삶의 진폭이 격

화할수록 여인네의 아름다움도 향기 그윽한 가을처럼 그렇게 깊어만 갈 터.

'행복한 미용실', 그 앞을 지날 때마다 나는 생각한다. 저곳에 들면 정말 행복해질까?

* 행복한 미용실 : 신천 새마을 시장 안에 위치해 있는 미용실.

소율 : [예술세계]로 등단. 예술시대작가회, 강남시문학회 회원. 시집 『브래지어가 작아서 생긴 일』 외 공저 다수.

제주도의 환상 외 4편

이 복 자

제주도에 왔다
사랑하는 사람과 자유롭게
몸도 마음도 섞는, 환상의 터널을 지나 제주도에 왔다
제주도에는 사랑하는 사람이 없다
사랑은 아름다운 것, 사랑이 여기 있기 때문인데
사랑이 아름다워 제주도가 내 섬이 되었는데
곳곳에 사랑의 체취 배어 있을 뿐
사랑하는 사람은 없다
달빛 내리는 제주도의 밤은 가슴 멍들게 하고
출렁이는 바다의 낭만은 애간장 앗아가고도 남는다
수정 같은 눈물 얼룩지기에 충분하다
제주도에 나의 사랑은 있지만 나의 사람이 없다
제주도가 내게 묻는다
하루 더 머물지 않고 갈 거냐고 ……
물론 싫다고 했다
사랑은 아름다운 것, 가고 나면 남아 있을
사랑하는 사람이 제주도에 있기 때문이다
멀리 바다 건너 사랑이라서

미간眉間에 생긴 일

문은 늘 있었고
안개 속이라 해도 휘휘 저으며
헤집고 나오면 길은 열렸다.
목마르면 꿈 한 조각 씹어 삼키고
발목 잡혀도 앞으로, 그 끝 광채 황홀하여
축복처럼 시력의 두 팔 뻗고
코앞부터 먼 산까지 오던 길 되짚어
가장 아름다운 모습일 줄 알았는데

흐릿흐릿 나를 찾는 미아가 된다.
기진하여 멍하니 그리움과 연민의 끄나풀 잡고
늘어진 노인, 그의 과거 하나가 화들짝 일어나
알 쏟아낸 콩깍지가 무상이라고
처진 눈꺼풀 껌뻑껌뻑 통곡하는
호들갑이 멎은 후에야

비로소

흘러 아득한 나의 개천에서

실족한 시력을 돋보기로 끌어 올렸다.

4월의 어느 의자

4월이 그리는 수채화에 설렁설렁
가슴 설레는 의자는
눈물이 날 것만 같은데 목련꽃은 터지고
누구 발소리만 들려도 안아야 할 듯

아름다운 만남이면
닭살 돋는 입맞춤도 눈 감고
기다림에 지친 외로움이면
혼잣소리 허공에 다 퍼붓고도 좋을
예쁜 꽃 많이 보이는 곳에

버릇없고 철없는 사랑이라 해도 4월에는
함께 봄을 종알거리기만 하면 맺어진다는
그 전설을 믿어 꼿꼿이 다리에 힘을 주고
꽃 정취에 흠뻑 젖는

그는 흩날리는 낙화에도 우는 주인공,
앉았던 연인 떠나

빈 가슴이면 곧장 설렘 주섬주섬 챙기고
봄 전설에 푹 빠지는 의자, 이 멋진 배경을

4월이 놓칠 리 없다
화사함을 채우는 붓질에는
의자, 그리고 사람과 꽃과 사랑과……

파도, 헐벗는

무슨 사연으로
깊은 가문의 여식은

핏줄조차 맑은 청순을
스스로 휘말아 뭍으로
치고 또 치고

치맛자락 밑 가랑이
소용도 없는 욕망의 둔덕
휘감고 또 풀고

안간힘 써 봐도
여인의 손아귀는 물거품
잡은 목덜미 풀리고

눈만 뜨면 달뜨는 몸
하얗게, 하얗게
헐벗는 소리

차디차다.

가을 구름

구천九天은 높고 멀고
사모의 눈은 천 길 우물이고
서러워 쳐다보지 않으려 해도
인연의 끈 하늘에 닿아 있어
쳐다보면 더 높이, 멀리
당신, 우물에 내려와 남긴 씨알 있는데
사랑하오 가지마소
가지마소, 애원해도 손사래로 떠나는
얄미운 바람둥이

✍ 산문

천 년 만 년 붙들어 두고 싶은 백 살 엄마

엄마! 잠들었다가도 눈만 뜨면 떠오르는 예쁘고 고운 백 살 엄마! 요즘은 엄마 생각을 좀 접으려 하지만 힘들다. 엄마가 요양원에 가시던 날부터 불면과 우울, 결국 면역이 약해져 호된 아픔을 겪었다. 조금은 헤어나야 하겠다는 생각을 하지만 늦둥이 막내딸로 태어나 그놈의 공부 때문에 어려서부터 떨어져 살다 생긴 '엄마 그리움 병'은 영원한 나의 불치병이다.

오늘 아침도 한바탕 엉엉 울었다. 엄마 얘기를 쓰려니 자꾸 눈물이 앞을 가린다. 제목도 쓰기 전 글씨가 안 보이니 미리 눈물을 흘리고 나면 좀 나을까, 휴지 두어 장을 적셨다. 지난달 본 엄마 모습, 덩그런 방에 혼자 웅크리고 누워있을 엄마 생각에 눈물이 자꾸 난다.

이런저런 사유로 엄마가 요양원에 가신 지 벌써 5년이

다. 퇴직을 하면 내가 모시리라 다짐했건만 퇴직을 하고도 실천할 수 없는 현실이 야속해 그저 우는 일만 잦다. 큰아들 곁에 살아야 한다고, 요양원에 가실 때 서울로 가자고 해도 객지에서 죽으면 안 된다고 눌러 앉으시던 엄마! 내가 모실 형편이 되었는데 엄마가 저렇게 빨리 쇠하리란 생각은 미처 못 했다. 너무 많이 나약해진 엄마를 지금은 어찌할 방법이 없다.

참 속상하다. 작년 백수 생신에 춤추고 노래하며 그렇게 좋아하시던 엄마가 갑자기 귀도 깜깜 어두워지고, 카랑카랑 부르시던 창도 놓으시고, 매일 하던 새벽 세수는 왜 거르시고, 닦으실 때 외는 빼 본 적 없는 틀니도 빼 놓으시고, 한 번도 잊은 적 없던 막내딸을 왜 빨리 못 알아보시는지……. 섭섭하고 슬프다. 어디가 아프냐고 물으면 "안 아파!"라고 하시고는 밤에 일어나 자식들 이름 부르고 찾으신다니 마음이 더 아리다. 왜 안 아프시겠는가?

올 들어 급격히 쇠하신다. 아직은 일어나 앉으시고 더러는 로비로 친구 찾아 기어 나가기도 하신다는데 얼마나 갈지 모르겠다. 내가 누구냐고 물으면 "우리 막내딸이지, 복자 왔구나, 저건 막내 사위고!" 하시며 사위까지 활짝 웃으며 반겨 부르시던 엄마가 이젠 알아보시는데 시간이 걸린다. 화장실도 못 가시고, 밥도 먹여 드려야 한다. 주사를 놓으면 혈액 순환이 안 돼 온 팔이 까맣게 멍들고, 부어오르는 손발은 처방을 받아야 가라앉는다.

해 드릴 수 있는 것이 별로 없다. 이따금 고향 마을을 한 바퀴 돌면 아기처럼 웃으셨는데, 휠체어도 올 들어 무용지물이다. 막내인 내가 제일 건강한 탓에 계단이나 언덕진 곳은 늘 업어드렸다. 등을 돌려대면 가볍게 착 붙으시던 엄마! 기저귀 갈 때도 두 언니가 있건만 내게 살짝 눈치 주시던 나의 엄마! 워낙 깔끔하셔서 기저귀를 차고도 꼭 가는 화장실, 가다가 지리고 말지만 내 손 잡고 조금조금 따라오시던 엄마! 엄마는 나를 제일 편하게 여기셨기에 내가 면회를 갈 때면 외출을 하셨다. 외출하면 맏딸 큰언니 집에서 지냈는데 큰언니가 지난해 하늘나라에 가고 없으니 탄로 날까 두려워서도 외출이 어렵다. 무슨 여행을 그리 오래 하냐고, 왜 안 오냐고, 큰딸 집에 가고 싶다고 하시면 진땀이 난다. 눈치 채신 듯도 하여 언제까지 속여야 할지 참말로 무거운 숙제다. 새 옷 입혀 드리고 팬티기저귀를 택배 하는 것으로 그나마 할 수 있는 일이 있었는데, 요양원에서 옷이 너무 많다고 또 이젠 엄마에게 찍찍이기저귀가 더 편하다고 하지 말라는 눈치다. 그러니 엄마 손을 놓고 돌아서면 울음이 폭발할 수밖에 …….

한 세기를 사신 나의 엄마, 61년 동안 사랑받은 막내딸이 엄마에게 눈곱만큼의 사용료를 지불하는 일도 자꾸 차단당해 너무 슬프다. 아직 진지는 꼬박꼬박 드시니 2016년 1월 20일, 만 100세는 거뜬히 넘기시리라! 사람은 때가 되면 가야한다고 100살이나 되셨는데 너무 욕심부리지 말라고 타이르는 분도 있다. 천 년 만 년 붙들어 두고 싶은 엄마인데 말이다.

예쁘고 깔끔하고 맘씨 고운 엄마를 머잖아 하늘나라로 보내야만 하는 현실, 엄마의 쇠잔이 싫어 막내딸은 올해도 입혀드릴 추석빔을 사러 가야 한다. 옷장이 꽉 찼다면 먼저 사드린 옷을 버리고라도 새 옷을 입혀 드려야 한다. 이제 몇 번이나 할 수 있을까? 제발 지금 모습처럼이라도 더 오래 살아주시기를, 돌아가신다면 아무 고통 없이, 가실 때는 살아 있는 자식 다 보고 가시기를 아침마다 기도한다. 백 살 나의 엄마! 엄마!

이복자 : 1997년 [시마을] 등단. 대한민국동요대상, 한정동아동문학상 수상. 시집 『별과 나 사이』『몽땅 비거나 달라지거나 말거나』 외. 동시집 『나는 항해 중』 외.

구름을 그리는 노인 외 4편

이 태 규

사라지는 것에 대한 슬픔 때문에
구름을 그린다는 화가를 만났다
길을 가다가도 멋진 구름을 만나면
이내 이젤을 펼쳐놓고
그 위에 화선지를 깐다
화구통에서 연필과
붓과 물감을 꺼내면
노인의 손엔 어느새 신기한 모양의
구름들이 잡힌다
정처 없이 밀려가고 밀려오다가
흩어지는 구름
노인의 손에 잡히는 순간
구름은 새 이름을 얻는다
노인의 손이 아니었으면
이내 형체도 없이 사라졌을 저 운명
오늘도 구름은
노인의 손에 살고 죽는다

콩나물 예찬

나는 콩나물을 좋아한다
머리도 부실하고 가슴도 빈약하고
다리 형체도 다 갖추지 못한
온통 텅 빈 콩나물
적당한 소금 간만으로도 반찬이 되고
어떤 반찬에 들어가도
잘 어울려 먹거리가 되는,
갖은 양념을 넣으면
제 맛보다 양념 맛을 더 돋보이게 하고
씹을수록 사각사각 깔끔한,
삶다가 갑자기 뚜껑을 열었더니
성질껏 비린내를 확 터트린다
그러나
약한 불에도 뚜껑만 닫아주면
잘 삶아지는 속 깊은 콩나물
제 몫으로 받은 물을 시루 아래로
다 흘려보내고 나서야
자신의 키를 키워 온 콩나물

나는 오늘도
큰 대접에 콩나물 듬뿍 넣고
밥 한 공기에 들기름 고추장 함께 넣어
쓱쓱 비벼서 볼따구니가
찢어지게 한입 먹는다

사소함을 다는 저울

아침에 창문을 열다가
창문과 모기장 사이에 포위된 모기를 보았다
밤새 내 귓전을 오가며
잠을 설치게 한 놈이다
잡아버릴까 말까 망설이다가
모기장을 열었다
모기는 뒤도 돌아보지 않고 사라진다
하긴 저놈도 살아가기 위해서
내 피가 필요하겠지
출근하려고 대문을 여는데
문간에 앉아 있던 모기 한 마리가
얼굴 앞을 날아다니며 신경을 건드린다
손을 흔들어 쫓아버리고 나서
출근하는 차 안에서 생각했다
그 모기가 고맙다고 인사한 건 아닐까
생각하니 머리가 멍하다
모기는 내 흔드는 손을 보고
어떻게 생각했을까

미련의 열매

빨간 세레나데
백 번을 부르면 무엇하고
천 번을 부르면 무엇하나
변덕스러운 여름 소낙비도
흉내 내지 못할
극락과 지옥을
넘나드는 감정의 춤사위
알 수 없는
굴곡진 귓속을 파고드는 언어들
아~아!
붉게 만개해 보지도 못한
장미꽃 한 송이
꽃술을 떨구자 하는구나
초침과 초침 사이까지
피어날 꽃자리마다
주루루룩 미련의 열매만 영글겠네

욕심

수탉이 긴 풀을 먹다가 목에 걸려
먹지도 못하고 뱉지도 못하고
안절부절이다
옆에 있던 평소 욕심 많던 암탉이
맛있는 것으로 알고 풀을 찍는다
한참을 허둥대던 수탉이
위기를 넘기고 멍하니 서 있다
먹을 것인 줄 알았던 암탉이
풀을 두어 번 찍어보더니 다른 데로 가버린다
욕심 부리는 것도 어느 때는
타인을 위기에서 구해줄 수도 있구나
아름다운 날
사랑하는 아름다운 날이다

이태규 : 2001년 [문학공간] 신인상 등단. 시집 『취악상추』 외 다수.

가을 활엽수 외 4편

임 만 근

나무는
가문 날에도 실한 뿌리로
넉넉한 물을 긷고 싶었다
환한 햇살이 좋아 햇살을 바라보며
언제나 같은 생각 같은 꿈을 잎새에 담고 살면서도
느닷없이 찾아오는 폭풍우에 찢기면서도
시들세라 부지런히 우마차로 생명수를 실어 올렸다
싱싱한 여름을 지나 늦가을이
수런거리며 썰물처럼 빠져나가고 있는 동안
말없이 제 몸을 지우고 있는 잎새들을
나무는 차마 바라볼 수 없었다
잠시 잠깐 동안만이라도 이별은 아프고 잊을 수 없어
눈물범벅이 되도록 어딘가에 숨겨놓은 명낭 * 을
꼬옥 부둥켜안았다
한번은 꼭 감당해야 할 별리기에
활을 당기듯 팽팽히 경직되어 가는 제 몸을 붙들고
나무는 하염없이 몸부림치고 있었다

* 명낭 : 울음주머니.

습곡과 역단층

미당문학상 최종 후보작을 보다가
슬그머니 잠이 왔다
눈 붙이고 있는 사이
나는 얼마나 깊은 꿈을 꾸었을까
오오랜 청약이라도 해둔 듯 달콤함이 왔다

아무리 보아도 뱀은 뱀인데 머리는, 아니,
눈과 귀가 달린 대갈통은
공중의 애드벌룬처럼 둥둥 떠다녔다

야릇한 기분 속 좌우 압박을 받고 있는 나는
그 꿈속에서 헛기침을 해댔다
차츰 지하갱도 화염을 만난 듯
하얀 연기를 토악질하며 컥컥거렸다
코와 입을 막고 포복하듯 엉금엉금 기어갔다
아무도 나를 부축해 주는 이 없는

그 누구를 향해 일언의 비난도 이유도 캐묻지 않았다
흙은 흙냄새가 나고

소나무는 싱그러운 솔잎냄새가 나듯
내 시작詩作도 내 시작일 뿐
조금은 변형된 습곡褶曲일 뿐

그것들은 시류時流의 역단층逆斷層을 이루고 있었으나
그 또한 내 판단 내 시각일 뿐

내 꿈은 황당했다
미당문학상 최종 후보작을 읽다 말고
스르르 잠이 오는 것을

* 습곡 : 지각에 작용하는 횡압력으로 인하여 지층이 물결 모양으로 주름이 지는 현상.

* 역단층 : 단층면을 따라 상반의 지층이 횡압력으로 인하여 하반의 지층 위로 밀려 올라가 있는 단층.

까마귀 2

마을 뒷산, 생솔을 베어다가 서까래를 올리고 둥지를 튼
아버지의 손, 검다 못해 까맣게 윤이 났다
온몸은 검은 멍집이었다

해 돋기 전, 새벽잠을 털고 일어나
돌밭 같은 산등성이 밭으로 날아간다
저물녘이 되어서야 사립문을 들어서던 아버지,
콜록콜록, 아버지의 밭은기침 소리를 듣던 사람들은
아버지의 가슴에다 돌팔매질을 해댔다

산꿩도 산비둘기들도 함께 놀아주지 않았다
갈 곳이라곤 허허로운 하늘과 산과 들, 밭뙈기뿐

썩은 송장 내나 썩은 거름 내나 맡는 좀생이라고
뙤약볕 같은 풍문에 쫓기다가
엉겁결에 먼 먼 산으로 날아갔으나

언젠가 남해 금산 가서 보니
천야만야 산벼랑을 끼고 높이 높이 날고 있는

까마귀 떼들 보니
빨간 저녁놀을 매만지며 놀고 있는
까마귀 떼들의 목소리 들으니
아름답고 그렇게도 청아할 수가 없어
그렇게도 잦던 아버지 기침소리 같아
그제야 나는 쪼글쪼글한 아버지의 얼굴 주름을
더듬으며 만져보았다

싸리나무꽃과 나

아픔을 극복한
산등성이 핀 싸리꽃은
차라리 생기가 파릇파릇 돋고
목이 터져라 외쳐대는 그 꽃의 혼,
나의 목마른 정의는 살아 있다

꽃말을 상기라도 하는 듯
그 꽃 둥지 속으로 들어가 나는 눕는다
팔베개를 베고 굴곡의 천장을 바라보며
꽃의 맥박소리를 들으며 아름다움을 꿈꾼다

몸 낮춰
내 꽃은 피고
싱그럽게 정의는 살아 있다
누가 내 꽃 이름을 기억해 주지 않아도
나의 혼, 내 꽃의 생기는 흉강 속
푸르게 푸르게 살아 있다

아름다운 꽃을 피우기 위해
따가운 눈총도 잊고 억센 바람도 잊고 제 명운을 다해
내 꽃은 신음하며 숨을 고른다

* 싸리나무 꽃말 : 생각, 사색, 상념.

응시 2

가려운 곳
머리카락을 집은 두 손가락에
붙들려 끌려나오는 것마다
흰 머리카락뿐
소리쳐 외쳐도 들리지 않는 목소리로
어지간히 그는 외치고 있다
허허 웃는다
늙음에 대한 끊임없는 항거로
언제부턴가 그는
나이쯤은 생각지 않는다고
생각해 본 적이 없다고
심히 나팔 불어댔지만
두 손가락에 끌려나오는 가냘픈 몸부림
멀뚱멀뚱 그 몸부림 쳐다본다

임만근 : [월간문학] 신인상으로 등단. 수주문학상, 안견문학상 수상. 시집 『소리가 되기 위해』 외 4권.

노래방 외 4편

임 윤 식

망망대해에 외롭게 떠 있는 갈라파고스 섬. 그 섬에 가면 찰스 다윈의 실험실이 있고 핀치새가 날아다닌다. 그곳에서 나도 한 마리 새가 되어 살 길을 찾는다. 눈은 가사를 좇기 위해 이티ET처럼 커져 가고 귀는 곡조를 따르기 위해 연잎같이 넓어진다. 가사를 잊어버린 지는 오래다. 두뇌는 필요 없겠다 외우지 않아도 되니까. 모양새로 그냥 목 위에 얹어놓기만 하면 된다. 언젠가는 그 머리도 쓸모가 없으니 사라져버릴 것. 눈 코 입도 가슴에 달면 될 것.

아! 멋진 신세계. 올더스 헉슬리의 책 이름을 도용했다고 문제 삼지 마라. 어디에선가 따온 것이다. 인터넷에는 여기 저기 복제판이 널려 있으니 오리지널이란 말도 머지않아 전설적 용어가 되리.

가지論

소귀고개 숲길을 걸으며 초봄
나무들의 신음소리를 듣는다
앙상한 가지 끝에서 꿈틀대는 산고産苦
곧 새 싹을 터뜨리겠다

나뭇가지
그 끝은 언제나 생명의 시작이다
비록 가늘고 힘도 없지만
가지 없는 줄기는 없다

바위를 타 본 사람은 안다
손발 끝이 얼마나 소중한가를
가장자리에 모아지는 힘
그것은 온몸을 끌어올리는 지렛대다

초에 불을 붙인다
곧 뜨겁게 타오를 불꽃

축제는 늘 그렇게

심지 끝에서 시작될 것이다

유칼립투스 * 에게 말을 걸다

밀주密酒같이 은밀한,
늘 유토피아를 꿈꾸는 자들에게
황홀한 잠으로 빠져들게 하는,

조심하세요 그대
아마 한국에선 감시대상일 거예요
마약으로 취급될지도 모르죠

하지만 당신이 필요해요 우리나라에도
코알라처럼 오래 잠재워야 할 사람들을 위해,
저도 그 중에 하나거든요 잠이 깨면 난폭해지는 그런,

제게도 당신의 날개 몇 잎 보내줄 수 없나요
당신의 잎을 먹고 실컷 자고 싶어요
책갈피에 살짝 숨겨 보내주면 어떨까요

코알라 * 가 무척 부러워 보였거든요

여유로운

그리고 그 태평스러운,

* 유칼립투스(Eucalyptus)는 호주가 주산지인 나무이름이다. 호주에는 가로수의 대부분이 유칼립투스이며 전국 어디에서나 유칼립투스 숲을 볼 수 있다. 높이가 100m 이상 자라고, 껍질이 벗겨져서 기둥이 하얀 것이 특징이다.

* 코알라(Koala)는 아기곰 모양의 귀여운 짐승인데 유칼립투스 나뭇잎만 먹고 산다. 유칼립투스 나뭇잎에는 탄닌 성분과 알코올 성분이 들어 있어 코알라는 늘 술에 취한 듯 하루 20시간 이상 유칼립투스 가지에 붙어 잠만 잔다.

길

황소가 밭을 간다
깊이 패인 밭고랑 하나같이 똑바르다
지그자그로 가도 되는 요령은 아직 배운 적이 없다

그에게 길이란 오직 바른 길뿐이다
길 위에서 결코 고개를 들지 않는다
물웅덩이에서 자신의 모습을 본다

그에게 땅은 곧 하늘이다
거꾸로 세상을 읽는다

순교의 길을 향해 묵묵히 걸어가는
그 거룩한 침묵

자유

홀로 산을 오른다
배낭 하나 달랑 등에 업었다
능선 바위에 누워
맑은 하늘을 바라본다

몇 점 구름이
한가롭게 흘러간다
바람이 산허리를 휘감고
내 속살을 파고 든다

나는 왼종일 바다가 되어
파도에 흔들리고 있었다

임윤식 : 고려대 경영학과 졸업, 한국시인협회 회원, 서초문학상 수상, 월간 시사종합지 [오늘의 한국] 사장, 한국사진작가협회 보도분과 운영위원. 시집『나무도 뜨거운 가슴은 있다』외.

다 지나가고 말 외 4편

정 정 근

올해도 그 바닷가 예술촌이 되어
바벨탑의 욕망과 풍만하고 요염한
잔칫상의 성城이 되었다
아름다운 공주가 있을 것 같은

내가 만든 것도 저런 것일까
소나기 한 줄 그을 움집만도 못한
속옷도 겉옷도
파란색 만장 조시弔詩만 나부끼고

날카로운 눈초리와 앙다문 입매
그보다 더 냉혹한 목소리
서로의 심장에 칼을 꽂으며 웃을까
젖은 목소리 쓸쓸한 노래

천금을 주고도 살 수 없는
천년을 살아도 못다 할 흔적을 모른 체하고

바닥 모를 벼랑으로 곤두박질칠까

다 지나가고 말

초상날

"아짐, 인자는 묶어 논 돼지 신세 면케 되얏소.
괴기 좀 더 내오시지라. 술도 모지란당께."

안 보이는 이들과 정답던 시락골양반
구순 초여름에 귀토歸土하셨다
함평 천지 열사흘 달빛으로 질펀하고
양손에 떡 쥔 아이들 마당에서 뛰노니
어른들도 허허 깔깔 잔칫집이다

시락골양반 큰방 병풍 뒤에서 강 건너신다

상여꾼들 만가挽歌소리 저승 문 흔들고
차일 속 기웃대던 찔레 향 공중에 퍼진다
삼합막걸리 불콰한 기운 속에
상제 · 복인服人들 호곡에 때 이른 매미도 슬피 운다

충주에서 시집 온 스물세 살 손부
마른울음도 못 내는 게 죄스러운지

꽁무니에 엎디어 눈에 침 바르다
제 풀에 어깨를 들썩인다

"손지메누리 우능겨? 기특두 하고만이라.
그새 정이 들었는갑소 잉~"

동네할머니는 개떡을 찰떡으로 아시는지

웃음 감추려 뒤란으로 달려
어룽대는 달빛에 얼굴 묻던 새댁
그녀도 어언 백발이구나

마라도의 저녁

그 섬에는 개가 많다
여객선이 항구에 닿으면
떼로 몰려있던 개들 꼬리친다
내 앞에도 순한 눈동자 한 마리
석양이 수평선에 불 지르고
바다가 용암처럼 끓는 동네로
핼금거리며 안내한다

십이월의 낯선 섬은 바람이 드세다
하룻밤 여행객은
현기증이 나도록 심장이 뛴다
장군바위 짐승처럼 앉아있고
불덩이 품은 바다 밤새 몸부림쳐
긴 밤 무박으로 지샜다

뱀섬

간이 작은 이는 기웃댈 곳 아니다
해안선 기암괴석도
윗섬 아랫섬 물길조차도
거대한 뱀의 형상이니
호기심에 몸살이 나도 멀리서 구경만 하라
외진 곳 후미진 곳 가지 마라
풀숲에 숨었다 덮치는 배엠 피하지 못한다
잘난 척 여유 떨지 말고
길이 아니면 들어서지 말 것
아담을 후리던 실력이 당신을 노린다

싶다

내 안에는
'예민한 감각'을 가진 미모사와
'속절없는 사랑' 아네모네가 있다
한 남자에게 받은 빛바랜 연서와
조금 젊어 보이게 해주는 마법의 물질도 있고,
꺾어진 구십 년 전에
첫사랑한테 받은 몇 권의 시집도 있다
가슴 맨 밑에는
마음 어둘 때 작은 별로 반짝이는 아버지와
사는 게 멀미난다며
서둘러 가신 어머니도 있다

예민한 감각이 속절없는 사랑과 시들어가고 있으니
이제는 '사랑'과 '고상함'을 품은 빨간색 국화를 갖고 싶다

✍ 산문

초닷새 달 같은

강화江華에 있는 한 카페에 갔다. 그곳 정원에서 모양과 색깔이 다양한 '달빛코스모스' 몇 포기를 보았다. 소서小暑 전에 피어 시월까지 간다는데, 연약한 줄기에 비해 꽃판이 크고 색깔도 예뻤다. 그 중 유독 내 눈길을 끈 것은 선이 고운 여덟 장의 꽃잎을 단, 연노랑 달빛코스모스다.

조그맣고 영민하고 자존심 강한 소녀가 있었다. 아기 때부터 병약하여 초등학교도 제대로 다니지 못했다.

어느 날 하굣길에 폭우를 만났다. 동무들이 그러하듯 책보를 머리에 이고 신발을 벗어든 채 개울 속으로 들어갔다. 몸을 간신히 추스르며 한 발자국 한 발자국 걸음을 떼었다. 갑자기 칼로 째듯 발바닥이 아팠다. 동무들은 벌써 저만큼 가 버렸다. 가까스로 내를 건너가 들여다보니 선혈이 낭자했다.

피 흐르는 발을 잡고 앙앙 울었다. 가뜩이나 창백한 얼굴이 하얗게 질렸다. 이웃집 오빠가 나타나더니 말없이 등을 디밀었다. 아픈 것을 구실로 스스럼없이 업혔다. 허깨비 같은 소녀를 업은 오빠가 말했다.

"너, 이렇게 몸이 약해서 시집이나 가겠니? 나한테 와라……."

허튼 농담을 할 오빠가 아니었다. 그런 오빠가 고마웠다. 오며 가며 보살핌을 받으며 의지하는 마음은 좋아하는 감정으로 바뀌어갔다. 그들의 도타운 사이를 눈치 챘을까, 오빠의 어머니가 소녀를 앉혀 놓고 강다짐했다. 나는 네가 이래서 저래서 싫으니 다시는 내 아들을 만나지 말라고.

그 뒤로는 오빠를 외면했다. 마주치면 냉정하게 돌아섰다. 상심한 탓에 건강이 더 나빠졌다. 어른들이 시키는 대로 깊은 산 암자로 갔다. 한문을 깨치며 독학으로 공부했다. 산을 내려온 뒤 좋은 사람 만나 시집도 갔다. 병은 더하다 덜하다 하며 평생을 따라다녔다. 통증이 심할 때는 신께 앙탈을 부리기도 하지만, 그만그만하면 집안 살림도 사회봉사도 야무지게 한다.

이웃집 오빠의 등에 업히던 날로부터 육십 년 세월이 지나갔다. 마당가 돌확에 노랑수련이 곱던 날, 뜻밖에도 그 오빠의 전화를 받았다. 꼭 한 번 보고 싶다는 거였다. 늙은 소녀는 야멸찼다. 이제 와서 만날 일이 무어냐, 다시는 전화하지 말라고 못을 박았다.

얼마 후, 그가 죽었다는 소식을 들었다. 오랫동안 위암을 앓고 있었다고 한다. 수소문 끝에 알아낸 번호로 마지막 전화를 했으련만 칠순의 노녀는 여태도 다 삭이지 못했던 모양이다.

연노랑 달빛코스모스를 한참 동안 들여다본다. 초닷새 달 같은 여인이 애잔하게 웃고 있다.

정정근(鄭貞根) : 1994년 [창작수필]에서 수필 등단, 1999년 [시대문학]에서 시로 등단. 수필집 『떠돌이별의 노래』 등 4권, 시집 『숨은 그림들』이 있다. 창작문학상, 서울문예상 수상.

먹물 외 4편

조 성 순

민대가리 속에 든 허영을 먹으면 무학은 국졸 국졸은 중졸 중졸은 고졸 고졸은 학사 학사는 석사 석사는 박사가 된다지.

내 친구 불문학박사 허 아무개, 불란서 파리에서 학위를 받지 못하고 캐나다 퀘벡에서 박사학위를 받았지. 이 대학 저 대학 보따리장사를 했으나 이미 불어는 지구별의 중심어가 아니라 변방에 날리는 눈발, 신생의 되놈들 말에 밀리고 이웃 동네 스즈키 혼다에도 밀리는 힘 잃은 늙은 조폭, 파리를 가보지도 못한 어린 불문학도와 파리에서 학위 받은 늙은 교수들은 본 동네 갔다 오지 못한 지식판매자를 못 미더워했네.

내 친구 불문학박사 허 아무개, 밥벌이가 되지 않자 다침내 보따리장사 끝내고, 아프리카 대륙의 검은 향기, 염소도 먹으면 흥분한다는 커피 가게를 냈는데 이름 하여 허 박사 커피, 사람들은 박사가 내린 드립 커피를 마시며 지식이 혈액으로 돈다고 즐겨찾기 했지. 허나 불문학과 커피가 아무런 관계가 없고 불어와 커피가 랑그와 파롤, 시니피앙과 시니피에의 관계가 아니란, 더욱이 커피 맛과는 하등 관련이 없다는 걸 알고는 하나 둘 허 박사 커피 집을 떠나가 버렸네.

실의에 빠져 살던 내 친구 불문학박사 허 아무개, 어느 날 이름난 노량진 먹물낙지 집에서 먹물 낙지 안주로 술 한잔하다가 갑자기 삼도천을 건넜네. 사인은 순환기장애로 인한 심장마비이나 실은 화기가 상승하여 기가 막혀 생을 마쳤네.

세상을 속일 수 있었으나 세상에 속고, 남을 속일 수 있었으나 자신에게 속은 내 친구 허 박사, 먹물을 먹었으나 먹물이 싫고 먹물에 빠져 허우적거리다가 먹물로 갔으니 먹물이 원수로다. 통재라, 먹물이여.

딸에게

꽃밭에 풀씨를 심어 꽃을 보는 건 착한 맘일 테지
또 그 마음을 보는 건 즐거운 일일 거야
그 꽃 보는 마음으로 둘이 마주서서 웃을 수 있다면
서로 찡그리지 않고 입이 귀가 될 수 있다면
가정에는 웃음꽃이 만발하고
꽃밭에는 웃음소리가 들릴 거야.

아기야, 내 사랑아
너는
한 때 흙地이었다.
물水이었다.
불火이었다.
바람風이었다.

아득한 우주에서 떠돌다 내게 안식을 가져다 준
느낌표이다
감탄사이다
우레다
찬란한 광휘다

이제 풀씨를 길러 꽃 보는 마음으로
조심스레 너를 보내니
기쁨과 아쉬움이
잘해주지 못한 아픔이 물밀어 오는구나.

아기야, 내 사랑아
꽃밭에 풀씨를 심어 꽃을 보는 건 착한 맘일 테지
또 그 마음을 보는 건 즐거운 일일 거야
그 꽃 보는 마음으로 둘이 마주서서 웃을 수 있다면
서로 찡그리지 않고 입이 귀가 될 수 있다면
꽃밭에는 웃음소리가 들리고
가정에는 웃음꽃이 만발할 거야.

바람꽃

군대 가서 첫 휴가 받아 휴가증 고이 접어 가슴에 넣고 들뜬 마음으로 용산역에서 고향 가는 표를 사려고 길게 늘어진 줄 꼬리에 서 있었지. 근데 갑자기 돌개바람이 휙, 모자를 낚아채 가지 뭐야. 모자를 잃어버리고 중대가리로 돌아다니는 군인은 탈영병이거나 무적의 싸이코패스야. 당황하여 둥실둥실 날아가는 모자를 정신없이 따라가다 보니 모자는 어느 후미진 좁은 골목 끝에 가 턱, 멈춰 서는 게 아니야. 쉿, 바람의 정체는 생계형 꽃이었어. 어쩔 수 없이 꽃값으로 휴가비를 탈탈 털어주고 모자를 돌려받았지. 꽃이 피었는데 벌 나비가 찾지 않으니 꽃은 먹고 살기 위한 자구책으로 나비를 부른 거야. 가끔 도회를 떠나 배낭을 메고 깊은 산 속 길을 가다가 어디선가 오빠, 하고 부르는 소리에 두리번거리다가 돌아보면 길가에서 말갛게 해살거리는 게 발걸음을 붙잡고 있지 뭐야. 쿵쾅거리는 가슴 진정하고 쪼그리고 앉아 가만히 보니 오호라, 지난 날 나비가 되어 좁은 골목길 허겁지겁 좇아가서 만난 그 더운 숨결이 바로 너로구나.

애수의 소야곡

아내와 결혼하기 전 북악스카이웨이 호텔에서 약혼식을 했는데 흥이 난 양가에서 노래 한 자락씩 하게 되었지. 우리 쪽에선 동네 노래자랑 콩쿠르대회에 나간 적 있는 작은아버지가 무슨 노랜가 선창하셨고, 처가 쪽에선 장인께서 '애수의 소야곡'을 답가로 하셨는데, 한담을 주고받던 좌중이 누가 물을 끼얹은 듯 조용해졌지. 기러기 날갯죽지에 묻은 서리가 떨어지고 초가지붕에 박꽃이 피었다 졌지. 메마른 영혼이 단비 만난 모양 넋 놓고 소리의 독에 갇혀버렸지.

나중에 할아버지께서 한 말씀 하셨다. "야~이야, 너거 장인, 소리 잘하더라. 난 예천 통명 사람보다 소리 잘하는 이는 세상에 없다 캤더니, 너거 장인 소리가 거 못잖대."

할아버지도 장인도 없는 별, 민들레 씨앗이 봄 하늘 허공에 날리듯 어디선가 '애수의 소야곡' 아득하게 환청으로 다가와 발목을 잡아 가던 걸음 멈추고 한 동안 멍 때린다.

고향 미장원에서

한가위가 이마에 다가와
오랜만에 시골집에 들러
산소에 풀 내리고 어매 모시고
지름 짜고 고추 빠러 읍내 나왔다가
짬을 봐서 미장원에 머리 깎으러 오다
밥 잡샀니껴
장에 나오싰니껴
껴, 껴, 하는 소리
낙동강 물결로 다정하게 귀를 어루만지고
소관 보이소
놀다 가소
소, 소, 하는 말씀
소백산 자락 넘는 바람결로 도회의 찌든 때를
씻어 준다, 허리 아픈데
잘하는 병원 소개하는 아낙
군대 간 아들 성희롱 당할까 걱정하는 아낙
고춧값 천원 더 받으려고 안 팔았다는 아낙
이런저런 사람들과 차례를 기다리다가

목요일마다 한 번씩 나온다는 군 신문을 보니
관내 면에 있는 고등학교 학생들이
대구 시민운동장에서 프로야구 관람하고
치어리더들과 함께 어울려 목청껏 응원한 일
고향 태권도 선수가 무도대학 박사과정에 합격한 일
뒤 집 호박이 품평회에 최고상 받은 일
소소한 일들이 눈을 즐겁게 한다
내가 사는 대처에선
큰 사기꾼이 나랏돈 한탕한 일
아이들이 바다에서 떼죽음을 당한 것
원자로가 폭발해서 난장판이 된 것
모두 끔찍하고 무시무시한 일들만
사람들 화제가 되고 있는데
아, 감동이 폭풍우다
높아져 가는 빌딩만치 커가는 욕망을 아무렇지도 않게
여기고
사람 몇몇 죽는 것 따위야 늘 있는 일로 생각했는데
고향 땅에선

한 사람 아프면 동네가 다 아프고
한 사람 기쁘면 읍내가 다 즐거워한다.
줘도 개도 안 물어갈 명예와
더 이상 필요하지도 않는 돈에 두 눈 불을 켜고
증기기관차 모양 나는 달려왔다

머리에 천둥소리가 났다.
숙제가 생겼다.
미래가 보이지 않는 헝클어진 미로 찾기를 그만두고
이제 나는 돌아와
늦은 꿈을 키워야겠다. 거름을 부지런히 줘서
미스호박을 키워야겠다.
키 큰 감나무한테 표창을 받아야겠다.
아, 텃밭의 무성한 잡초와 연애 한번 해봐야겠다.

✎ 산문

배드민턴장의 아라한들

산길을 가고 있다. 어디일까? 와 본 기억은 없다. 전짓불을 비추듯 누군가 보여주는 그 산길을 얼마 동안 걸으니 약수터가 보였다. 사람들은 물통을 차례대로 늘어놓고 기다리고 있다. 누군가 아는 체했다. 나는 약수터 옆 배드민턴장에 시선이 갔다. 걸음을 그리로 옮겼다. 배드민턴 치는 사람들이며 벤치에 앉아 쉬는 사람들이 반갑게 인사를 한다. 나도 인사를 했지만 그들이 누군지 모른다. 어느새 나는 배드민턴을 치고 있다. 허공을 솟구쳐 포물선을 그리며 오고가는 셔틀콕을 보며 마냥 즐거워했다. 내가 새가 된 기분이었다.

그 꿈을 꾼 지 얼마 지나지 않아 나는 다니던 직장으로

부터 해고를 당했다. 당시 집권 정부의 입김을 받은 학교 당국에 의해서 몰려났다는 게 더 적절한 표현인 듯하다.

지금도 그렇지만 당시 나는 많이 헝클어져 있었다. 공부를 한다고 시작했으나 학문보다 윗사람 눈치를 봐야 하고 자신에게 순종하고 굽실거리는 제자를 교수 재목으로 여기는 교수들이 마뜩잖았고 또 외국의 이론을 잣대삼아 한국 문학에 적용해서 해체하고 분석하는 대학원의 분위기에도 괴리감이 들었다. 어디로 가야할지 모르고 바람이 인도하는 대로 일렁이는 조각배 같았다. 그래도 세상은 살아가야 했다. 목표를 잃었더라도 벗들이나 다른 사람들에게는 괜찮은 사람이라는 소리를 듣고 싶었고, 가르치는 학생들에게는 좋은 선생님이란 평판을 받고 싶었다. 어떻게 생각하면 당연하고도 소박한 이 욕망은 실제 나와는 엄청난 괴리가 있었다. 타인들에게는 그렇게 보이고 싶었지만 실제 그리 되도록 노력을 한다든가 혹은 행동과 생각을 꿰뚫어 하나로 가지런하게 하지 못했다. 실제 내 현실에 비춰 보면 어림 반 푼 어치도 안 되는 생각이었다.

하늘은 이러한 나를 가엾게 여겨 마침내 자유인이 되게 했다. 많은 좋은 선생님들과 함께 쫓겨나는 영광도 부여했다.

다른 선생님들과 달리 나는 백척간두진일보百尺竿頭 進一步하지 못했다. 하늘이 부여한 화두話頭를 온몸으로 끌어안고 용맹정진勇猛精進하지 못했다. 은산철벽銀山鐵壁을 깨치고 새로운 지평을 보지 못하였다.

그러나 나는 행복했다. 남들이 열심히 일하는 시간대에 행각승과도 같이 거리를 떠돌았다. 읽고 싶은 책을 읽었으며 만나고 싶은 사람들을 만났으며 가고 싶은 곳을 갔다.

비록 가난했지만 경허 선사처럼 '일 없음이 오히려 내 일'인 양 흘러 다녔다. 저녁이면 벗들한테 곡차 시주를 받았다. 행각하는 데 필요한 경비도 탁발을 했다. 그리고 이렇게 윽박질렀다.

"살았을 때 잘해라. 곁에 있어서 음식도 먹어 주고 술도 마셔 주니 기쁘지 않느냐? 니들 곁에 없어서 슬픔을 주는 것보다 백 번 낫지 않느냐?"

그리하여 나는 꿈에 본 약수터를 오르내리게 되었다. 꿈에 본 그 사람들과 배드민턴을 치게 되었고, 그분들과 흉허물 없이 지내게 되었다.

어느새 배드민턴장을 다니는 일이 내 일상생활 중 가장 중요한 게 되었다. 그날그날의 날씨가 내 하루를 지배하게 되었다. 하늘이 흐리면 내 마음도 흐렸고 하늘이 울면 내 마음도 울었다.

산에 오르는 일이 즐거움에 따라 주인 잘못 만나 황폐해진 몸이 조금씩 회복되기 시작했다. 처음에는 약수터까지 그냥 걷기만 하여도 숨 가쁘던 몸이 여러 번의 시합에도 힘들어하지 않을 만큼 건강해졌다.

일명 내시산이라 불리는 초안산은 사시가 아름다웠다. 봄이면 개나리가 무리지어 피어 산길을 수놓고 진달래가 피면 사람들은 화전을 부쳤다. 거미줄처럼 연결된 오솔길을 따라가다 보면 커다란 축구장이 나오고 산 곳곳에 배드민턴장이 있었다.

그 산을 오르는데 가장 큰 동기 부여를 하는 것은 약수터나 배드민턴장이 아니라 그 배드민턴장에 오는 사람들이었다. 산의 맑은 공기모양 그분들은 맑았고 산자락처럼 나를 따뜻하게 감싸줬다. 비가 오면 산을 오를 수 없어서 슬픈 게 아니라 그 산에 오는 사람들을 볼 수 없어서 슬펐다.

그분들은 흔히 우리 주변에서 볼 수 있는 평범한 사람들이지만, 나에게 많은 생각을 하게 했고 많은 가르침을 주었다. 조그만 봉제공장 사장, 개인택시 기사, 평범한 가정주부들인 그분들은 내 인생의 스승이었다. 그분들을 만나면 나는 철부지 소년이었다.

학력은 내가 제일 높았으나 부족한 것은 내가 제일 많았다. 나의 겸허가 입에 발린 형식적인 것이라면 그분들의 겸허는 몸과 언어가 하나를 이루었다. 나의 자연 사랑이 다른 사람이 나를 어떻게 봐 주길 염두에 둔 외교적이요 정치적인 것이라면, 그분들의 자연 사랑은 남을 염두에 두지 않은 어머니의 자식 사랑 같은 것이었다.

그분들은 선禪이란 낱말을 모르더라도 이미 선을 행하고 있었고, 마음은 무겁고 가벼운 것이 아니라는 것을 체득한 저자 거리의 현자들이었다.

산을 오르내리면서 수업 받은 덕에 나는 해직 기간을 힘들지 않게 보낼 수 있게 되었으며, 미흡하지만 기쁨과 슬픔을 조금씩 다스릴 수 있게 되었다.

여섯 번의 낙엽이 지는 것을 보고 나는 다시 학교로 돌아오게 되었고, 일요일이 아니고서는 배드민턴장의 아라한들을 뵙기 어렵게 되었다.

다시 학교로 돌아간다는 말에 그분들은 내 주변의 누구보다도 기뻐하면서 송별연을 베풀어주었다. 지금도 작은 봉제공장을 경영하는 한 아라한의 말씀이 귀에 쟁쟁하다.

"조 선생님, 뛰는 그놈을 잡으세요. 학생들이 조 선생님을 몹시 화나게 할 때, 화내는 이놈이 무엇인가? '이뭣고是甚麽'를 놓치지 말아요.------"

학교에 돌아온 지 두 번째 겨울을 맞게 되었다. 방학이 되어 배드민턴장을 자주 오를 기회가 되었는데도 이런 저런 일들이 은산 철벽처럼 가로막고 있다.

오늘 밤엔 눈 내린 초안산을 올라 배드민턴장의 아라한들을 만나는 꿈을 꾸고 싶다.

* 오래 전 대중불교에 발표했던 글인데 재수록합니다.

조성순 : 경북 예천에서 나고 자람. 동국대학교 국문과 졸업 및 동 대학원 박사과정 수료. 2008년 [문학나무] 신인작품상, 2011년 제12회 교단문예상 수상. 2013년 시집 『목침』 간행.

연가 외 4편

조 은 설

올 봄엔 묵정밭 다듬어 씨감자 눈마다 햇살 드는 창 열어야지 이 간절한 바람을 고개 너머 당신, 알 리가 없다

목련화 가지마다 청사초롱 켜질 때 웃음소리 달빛처럼 매달았는데 이젠 마른 강바닥을 눈물로 채운다

사랑의 유효기간이 짧아진 탓인가, 하루가 다르게 카멜레온인 이 세상, 호두 속 같은 사랑의 본질을 알기도 전 당신은 누군가의 별이 되어 밤하늘에 박혔다

만남과 이별이 하늘 끝 어디메 돌아와 두물머리로 다시 흘러들기나 할까 내 가난한 어깨가 당신의 무게로 휘청거리는 오후,

볕 잘 드는 장독대 위에 젖은 당신을 꺼내 말린다

도돌이표

언제부턴가
내려야 할 역을 훌쩍 지나치는 버릇이 생겼다
화들짝 정신이 들면
어둠 속으로 재빨리 허물어지는 첨탑들
나비 한 마리 벗어둔 겉옷 한 벌
내 눈썹 끝에 매달려 있다

그때, 나는 잠시 나비였을까?
우거진 사념의 풀 더미 속에서 우화하고
숨 막히는 혼돈의 굴뚝을 빠져나와
바이칼 호수의 파란 눈동자에 물들었다가
나르시시즘에 빠진 어느 젊은이의 낚싯대에 앉았다가
허락도 없이
당신의 말간 꿈속을 어지럽히다
줄줄이 지나가는 낯선 이름들의 숲에서 길을 잃고
황망히 서럽고 낯선 꿈을 접는다

아, 오늘도 늦어버린 약속 시간
서둘러 도돌이표를 밟아가면서
어떤 추상에 골몰하다가…….

내려야 할 역을 곧잘 지나치는 습관
나는 세상에 닿을 수 없어
뿌리 없이 흘러가는 나무였을까?

노숙자

서울역 디오게네스*가 햇빛 바라기를 한다
광장 볕 잘 드는 벽 한 모서리에 기대
다리 쭉 뻗고
꼬질한 옷 한 벌, 부끄러운 세상 신문지로 가렸다

빌딩의 숲, 하늘 가득 창문인데
문마다 굳게 닫혀있다
소주병 하나 끌어안은 그에게
서울역 광장은
구도의 제단이고
햇빛 몇 오라기는 그의 경전이다

딸랑딸랑 구세군 종소리
드문드문 온정의 조각들,
자선냄비 속에 떨어지며 꽁꽁 얼어붙는다

디오게네스,
양지에 누워 마음껏 햇빛을 즐기는데

늙은 구세군 할아버지, 배고픈 이웃을 섬기기 위해
시린 손 호호 불며
쉴 새 없이 종을 흔든다

*그리스의 철학자

바람의 나라

한 대의 운구버스가, 환송객들을
바람의 나라 국경에 부려놓는다
사랑하는 사람을
보이는 공간에서 보이지 않는 공간으로 떠나보내는 의식에
초대된 자들의 눈빛이
말갛게 씻겨 있다

하루가 천년 같고 천년이 하루 같은 바람의 나라
투명한 불립문자들이 꽃잎처럼 날고 있다

무료한 바람들은
구름 위에 눕거나 거꾸로 매달려 그네를 타거나
푸른 눈의 성층권에서 무중력의 태양계로
먼 여행을 떠나기도 한다

어미의 탯줄 끊은 그 순간부터 목마른 인간세상
그래도 한세상 살아온 내력을 남겨

몇 개의 열매, 우듬지에 매달려 흔들리는데
뿌리째 뽑혀서야 뒤돌아보는 것들의 아름다움이여
미움조차 둥근 무지개를 그리며 앉아 있다

환송객들은 구내식당에 앉아 밥을 먹고
종이컵에 한 스푼 추억을 타서 마시는 동안
섭씨 1000도의 화장로
흰 뼛가루 속에서
신생 바람이 새알처럼 부화하는 중이다

길

입술이 둥근 지평선 바라보며
하늘 촘촘히 걸어놓은
거미줄 같은

길들은 모두 어디로 갔을까?

내 뼈를 갈고 깎아
만들고 싶은

당신에게 가는 길

✎ 산문

메발톱꽃

이제 메발톱꽃은 희귀 야생화가 아니라 어디서나 자주 만날 수 있는 낯익은 얼굴이다. 그러나 십여 년 전만 해도 이 꽃은 좀처럼 뵙기 어려운 귀하신 몸이었다. 내가 그 꽃을 처음 만나던 때는 유난히 무더운 어느 여름날로 기억된다.

모처럼 친구들과 만나 서울 근교의 자그마한 카페에 들어서던 난 화들짝 놀랐다.

출입문 옆 화단에 처음 보는 꽃들이 가득 피어 있었다. 바라보기만 해도 파란 물감이 들어버릴 듯 진한 하늘색이 눈부셨다. 화려하진 않아도 고결하고 기품이 있는데다 모습마저 특이해 신비스런 분위기마저 풍겼다.

〈하늘매발톱꽃〉

화단 앞에 작은 팻말이 보였다. 그러고 보니 꽃모양이 매가 발톱을 웅크린 모양이다. 막 비상을 시도하는 어린

매가 연한 발톱을 펴기 직전의 형상이었다.

그날 내게 이 야생화는 깊은 인상을 남겼다. 은둔자처럼 깊은 산 속에 숨어 살다가 사람이 그리워 어느 날 세상 밖으로 나온 것일까?

산야에 핀 우리 야생화가 사람들의 입에 회자되고 사랑을 받기 시작한 건 그리 오래지 않았다. 꽃 하면 크고 화려한 외래종이 단연 판을 치고 있었는데 우리 것에 대한 가치가 재해석되면서 야생화의 위상도 급상승할 즈음이었다.

꽃을 유난히 좋아한 죄로 소유하고 싶은 욕심도 많은 내 마음에 매발톱꽃은 단연 큰 자리를 차지했다. 하지만 그 이후 이 야생화는 좀처럼 내 욕심을 경계해서인지 자신을 나타내 보이지 않았다.

매발톱꽃을 향한 그리움도 수면 깊이 가라앉을 즈음에야 나는 또 이 꽃과 재회할 수 있었다. 외사촌오빠가 독회하는 지방 교회에 갔다가 교회 화단에서 막 벙그는 하늘매발톱꽃을 본 것이다. 단 한번 뜨거운 눈빛을 나누고 심연 깊숙이 숨어버린 꽃들을 여기서 만나게 될 줄이야! 화단 여기저기서 수줍게 하늘색 꽃봉오리를 터치는 모습에 가슴이 다 먹먹해질 지경이었다.

대뜸 사모인 올케언니에게 분양을 요구(?)했다. 올케지만 한 다리 건너 외사촌 간이다. 게다가 오빠가 사랑하는 꽃이라는데 나눠주기가 아까울 수도 있었을 것이다. 하지만 올케언니는 웃으며 맘대로 파 가라고 했다. 욕심 같아선 대여섯 포기쯤 갖고 싶었지만 차마 그러진 못하고 세 포기를 안고 왔다. 우리 집 작은 화단에 소중한 꽃을 심는데 가슴이 마구 두근거렸다.

그 해 여름이 가기 전 우리 집 작은 뜨락에 하늘매발톱 몇 송이가 날아갈듯 꽃을 피웠다. 가만히 귀 기울이면 꽃 속에서 깊은 산 속의 물소리, 바람소리, 산새소리도 들려오는 게 아닌가!

누가 '하늘매발톱꽃'이라고 이름 지었을까? 꽃 모양이 세속을 떠나 높푸른 하늘 우듬지에 둥지를 짓고 살아가는 매 같다고 이름 한 것일까?

세상 모든 만물은 이름을 가지고 있는데 그 대상과 붙여진 이름이 기묘하게 부합되는 것을 본다. 참 기이한 일이다.

마음이 간절히 소망하는 것은 반드시 이루어진다고 한다. 살아가면서 나는 또 가지고 싶은 것 한 가지를 얻은 셈이다. 나이가 들수록 한 가지씩 마음을 비워야 하는데 그런 경지에 이르지 못한 나는 소유에 대한 집착이 아직도 여전하니 참 딱한 일이다.

메발톱이 번식하면 가까운 친구들에게 한 포기씩 나눠주리라 생각했지만 안타깝게도 꽃은 새롭게 이식된 땅에 적응하지 못했다. 겨우 한 포기가 살아 수년을 견디다 그마저도 어느 핸가 사라져 버렸다. 하늘 맑음이 부족한 나의 그늘에서 자라기가 쉽지 않았나 보다.

하도 아쉬워 양재동 꽃시장에서 하늘메발톱을 찾았는데 연회색과 붉은 색뿐이었다. 붉은 색을 몇 포기 구해 심었지만 또 실패하고 말았다. 열심히 물만 주면 다 되는 줄 알았는데 식물이란 게 토질과 일조량과 필요한 물의 양이 각기 다르다는 것을 나중에야 알았다.

선인장 외의 식물은 모두 물을 흠뻑 적셔주어야 한다는 게 식물에 대한 내 좁은 상식이었다. 아침마다 수십 개의 화분에 물을 주는 일도 참 만만치 않았지만 식물들이 물을 구하는 일은, 제비새끼가 제 어미에게서 먹이를 얻기 위해 입을 한껏 벌리고 짹짹거리는 것처럼 여겨져 하루도 거를 수 없었다.

그 덕분인지 봄여름 각양 꽃들이 피어났다. 하지만 메발톱꽃은 사라지고 애틋한 그리움은 사그라지지 않았다.

어느 날이었다. 공작선인장의 깊은 화분에서 더부살이하던 여린 풀줄기 한 가닥이 화분 밖으로 모습을 드러냈다. 뽑아버리려다가 잎새 모양이 잡초가 아닌 것 같아

두고 보기로 했다. 며칠 뒤, 이 풀줄기에 작은 꽃봉오리가 맺혔는데 그게 바로 학수고대하던 하늘메발톱이 아닌가!

여린 꽃대에서 하늘하늘 피어오른 하늘색 메발톱은 어찌나 기품이 고고하고 단아한지 바라보기만 해도 눈물겨웠다. 어디서 날아 온 메발톱 씨앗이 가시 무성한 선인장 화분에서 간신히 여린 목숨 붙들고 있었구나.

그제야 하늘 메발톱은 물을 그리 좋아하지 않는다는 생각이 들었다. 물을 잘 주지 않았던 선인장 화분에서 살아있다는 게 그 증거가 아닐까? 나는 식물에 대한 한 가지 노하우를 획득했다며 기뻐했다. 이 귀한 생명을 위해 가장 좋은 곳으로 자리를 옮겨주고 싶었다. 꽃이 시들자 좁고 깊은 선인장 화분에서 조심조심 뿌리를 파내 햇볕 잘 드는 화단 한 쪽에 고이 심어 주었다.

그런데 웬일일까? 내 선부른 사랑이 부담이 되었는지 하늘메발톱은 또 다시 제 생명을 거두어 가 버렸다. 협소하고 누추할망정 선인장 화분에 그냥 모셔둘 것을, 후회가 막급이었다.

'과도한 내 집착이 너를 그렇게 힘들게 했구나. 적당한 거리에서 바라보며 사랑해야 했는데.'

덜 여문 발톱을 펴고 내 품을 떠나 하늘 멀리 날아가 버린 메발톱꽃, 그러나 언젠가 다시 돌아와 안길 날도 있으리라. 그 때 나는 너를 신뢰하고 서두르지 않으며 너의 취향과 자유로운 비상을 지지해 줄 것이다.

너를 차마 보내지 못한 내 마음에 영상으로 붙잡혀 뿌리 내린 진한 하늘색 매발톱꽃이여.

조은설 : [창조문학] 시 등단, 한국일보 여성생활수기 당선, [월간문학] 동화 당선. 한국아동문학회 작가상 외 수상. 시집『아직도 나는 흔들린다』외 다수.

당신은 문을 열고 사라진다 외 4편

하 두 자

엄마의 얼굴은 모든 곳에서 문을 열고 사라진다
잠 속에 떠밀리는 안개같이
엄마의 얼굴은 고양이의 하품처럼 나른하게

맡을 수 없는 칸나들의 붉은 냄새로
들을 수 없는 새들의 환한 울음으로
엄마의 얼굴은 푸른 들판이 베풀어 주는
풀밭에 앉아 미소 짓고 사라진다

나를 키워준 어린 집은
너무 짧거나 긴 하루의 담벼락에서 주름지고
깜깜한 내 울음은 허공 속에서 걸어나와
불타오르는 하늘 끝에서
출렁이는 강물 끝에서

일그러진 얼룩들이 갖고 있는
진실과 추억 사이를 침묵하면서
엄마의 얼굴은 모든 곳에서 문을 열고 사라진다

질량의 윤초*

사우나 방,
그 방에 들어서면 산들이 누워 있거나 앉아 있다

발바닥 끝까지 타고 내려 온 곡선들이 질펀하다 늘어진 가죽자루 같은 뱃살,
깔아뭉갤 듯 출렁대는 엉덩이, 불퉁거리는 눈과 입술의 주름들이
거짓스런 능청과 와글대는 생의 소란까지 누워 꾸역꾸역 먹어치우고 있다

가슴을 등뼈를 허벅지를 갉아먹는 무수한 그리마가 접고 접힌다 맞추려고 하면
부서지고 살려고 하면 삐걱대는 평형감각에 공간 감각까지
허물을 벗어내자 고독하게 절여진 나날들이 입을 다문다

끓어오르는 수증기 속에서 서로들 탐색한다 끝없이 늘어날 걸 예감한 듯
서른 살의 주름 마흔 살의 피부로 팽창한다

뜨거운 가슴으로 조각조각 덧대보고도 싶은 욕망들이 한 땀 한 땀 박음질한다
짜고 쓴 눈물도 말라버린
내 안의 바다가 외눈으로 나를 바라보고 있다

무중력의 무게가 심장에 총구를 겨냥한다
한계를 넘어 깜깜한 당신의 시간 위에 멈춰서는
짜릿한 아픔 골반을 채우는 소슬한 바람까지 팽팽하게 차오른다

1초

나는 어디에 있는가
묻는다

*1초 늦춘다 원자시와 천문시의 차이로

리모컨

중독자의 외로운 밤처럼 나는 그대를 기다려요 아무 채널이나 누르세요

필요할 때 언제나 완벽하게 재생해야 하는 머리 가슴 허벅지,
내 몸 안의 가시들, 퍼즐처럼 흩어지고 말지만요 정체를 드러내지 않는
어떤 뜻밖의 장면조차 눈이 부실 때도 있잖아요 편리한 대로 문 밖과 문 안
이쪽과 저쪽
캄캄한 꼬리를 휘저으며,

그러나 때론 순서가 엉키고 정지되는 날도 있어요 정직하게 몸속으로
흐르는 것 가끔씩은 아무것도 없는 출렁거림이기도 하지요

내 몸을 쓰다듬는 그의 지문을 더듬어 볼까요

나를 삭제하고 나를 버리고 흔적을 남기지 않기 위해
몸을 바꾸는
그대,
그렇지만 단 하나의 단축버튼만은 당신에게 돌려주고
싶어요

중독자의 외로운 밤처럼,

달맞이 꽃, 구경하러 가요

엄마가 산통을 겪으며 내게로 끌고 온 붉고 비린 조각달
달거리에서 뽀얗게 채우던 젖물은 내가 흘린 생리혈
어둠을 뱉어내며 차오르고 있네요

작고 아득한 자궁에서 어쩌면 이렇게 감싸고 있을까
아직도 붉게 적시고 있을까

어둠 속에 몰래 심은 꽃씨는 아직도 주렁주렁 매달려 있는데요
수많은 창문을 감추고
수태를 꿈꾸는 연초록 이파리는 와르르 쏟아져 내려요

몸이 불꽃으로 산란하는 밤
모래바람이 흐르던 물줄기를 물관에서 쭈욱 뽑아가네요
너무 오래 품고 살았다구요

그래, 겹겹의 몸속에 닫혀버린 생리혈을 가볍게 들어내야지

무엇이든 다 빠져 나가게 내버려 두는 거야
쭈글거리는 골반에 너무 많은 인형들을 달고 다녔어

누군가 내게 콕콕 지문을 찍어요 아주 잠시,
현기증처럼 피어나는 달무리꽃에
엄마, 이제 엄마의 산통도 걷어가세요

당신의 꽃씨를 뱉어내는 그곳
너덜거리는 이 껍데기를 던져버리고 싶어요 나도

알래스카, 알래스카

고래 수달 바다사자 북극곰 만년설을 거쳐 온 푸른빛을 떠 올릴 때

아직도
알래스카, 알래스카 바람소리

흰 독수리 모가지를 비틀고 나뭇가지를 흔드는 혼돈 속으로
붉은 심장의 떨림 속으로 나는 미끄러져 가고,

멀리서 들려오는 해무의 물음표처럼
등 푸른 침묵으로 대답하는 당신의 푸른 빛 푸른 머리카락들

내 몸통은
반은 바다 속으로 반은 바람 속으로
서로의 영혼을 필름에 담은 채
반반씩의 비밀서랍을 나누어 가진 이후

그림자만 길게 빨아들이는 모래알들이 서걱이기 시작했다

8월의 독수리가 바람이 되면
들끓는 울음들이 뜨거운 햇빛 속으로 스며들어

눈을 감아도 보이는 설산의 흰빛과 푸른 빛 사이로
당신과 내가 출렁이며 흘러가는 시간들
알래스카, 알래스카

문을 열고 집을 나서는 여름과 8월 사이
날마다 그 바다 속으로 나는 침몰하고 있네
당신과 나의
알래스카, 알래스카

✍ 산문

메타포 그 몹쓸 녀석들!

비

빗줄기가 창문을 거세게 흔드는 밤이다. 어둠에 잠긴 나는 어릴 적, 뜨거운 태양으로부터 나를 보호해 주는 까만 콜탈 사택 지붕과 장독대 한켠에 도사리고 피던 백합과 그 많던 항아리들을 기억해내곤 한다. 그리곤 그것들이 갑자기 어디로 사라졌는지 궁금해진다. 유년의 텃밭을 한참 뒹굴다 나는 홀로 이방인이 되어 그곳의 풍경을 더듬어 내려간다. 장대비가 심하게 창을 두드릴 때면 내 유년의 방황이 선명하게 만져진다. 깨어 있어도 잠자고 있어도 내 안에서 살아 꿈틀대던 것들, 마치 정전이 된 냉장고 속에서 속수무책으로 녹아가는 투명한 얼음거울 같은, 은밀하고 절망적으로 녹아 내렸다.

터널

길게 휘어진 터널에 갇혀 살고 싶은 욕구가 분출될 때마다 맞설 수 있는 에너지가 시라고 생각했다. 좋은 글을 쓰고 싶었던 비장한 각오가 한 시절 젊음의 열정과 착오가 아닌 오랜 괴로움 끝에 찾아오는 삶과의 화해라고 믿고 싶었다. 그러나 투명한 거울은 언제나 내 옆을 비켜가고, 거울은 항상 내 뒤쪽에 앉아서 내 속을 제대로 한 번 비춰주지 않았다.

가면

내 안의 또 다른 얼굴을 이제 신뢰할 수도 없다. 내 가면이 진정으로 원하는 자유와 속박, 의식적 근원을 꿰뚫어 갈 열정적이고 서늘한 얼굴이 되고 싶다. 오른쪽은 성실하게 왼쪽은 정직하게 욕망에도 이끌리지 않는 삶이었으면 했다. 그러는 사이 이 삶이 마련해 준 고통에 온전히 반응하며 솔직하게 표현하는 것도 능력이라 생각한다. 그러나 이 농밀한 괴로움이 온몸을 휘감아도 도망치질 못 한다. 또 다른 나의 새로운 가면을 만들기 위해 가면 위에 가면을 끊임없이 덧칠할 것이다.

꽃

핏줄을 터뜨릴 것만 같은, 내가 보고 느낀 것이 선명하게 떠오르는 내 의식 속에 피어난 꽃들, 늘 모호하고 막연하다. 무력한 자세로 글을 읽는 동안 사라져 버리는 부재와 실종의 기억들, 기다리는 것이 꽃인 줄 알면서 꽃이 피기 전에 지쳐버린다. 생활이 낯선 여자의 생애처럼 점점 객관화되는 기분이다. 아이, 처녀, 여자, 엄마 대명사로 받았던 그 이름을 손에 쥐고 본능적으로 격정적이고 조용하다 못해 무기력함까지 이렇게 뒤바뀌는 혼란, 여자가 싫었다. 여자인 삶이 이제 나와 통정을 하자고 한다. 끝에서 끝까지 여자로 사라져가는 경험 속에서 휘발되는 신비한 힘 마지막까지 남아 있는 모성애, 신과 자연의 일상선에서 여자로 살아내기 위해 참 무던히 애써왔었다.

녀석들

나를 에워싸고 있는 많은 것들을 놓아버리고 싶을 때, 한 발자국도 움직일 수 없는 나른한 무력감과 권태가 온몸을 얼기설기 엮어갈 때, 녀석들은 내 발밑에서 칭칭 감아 나를 죄어온다. 버리라고 찢어버리라고 잘라버리고 모든 것은 우울과 결핍으로 감싸는 비무장한 날들을 세우라고 한다. 비무장지대의 여린 새순처럼 고요함이 우우죽순처럼 녀석들! 그 가늘한 떨림을 본다. 오!

가을

뜰에 서 보면 보랏빛 들개미취가 비에 젖어 옹송하다. 이렇게 또 여름이 지나간다. 격렬한 여름의 감정들, 비현실적인 언어, 어둠과 습기 속에서 쏟아지는 말들이 폭풍처럼 끊어지다 이어진다. 계절은 뱀처럼 빠르게 스쳐 지나간다. 다리 없는 마음을 툭툭 건드리고 가는 빤짝이는 온갖 것들. 그 자잘한 소리의 곡진한 울림들이 예민해진다. 길을 걷다 잠시 스쳐 듣는 유행가에도 코끝이 매워지기도 하는 그런 날이 올 것이다. 바늘 같은 은유가 몸속에서 살고 있다 숨쉬듯 몸을 꿰매고 있다. 그 은유들이 똑똑 부러지는 날, 거센 비는 맨발로 새벽을 몰고 올 것이다. 웅덩이를 파면서, 이럴 때면 나는 녀석들을 데리고 다양한 메타포를 찾아 나서야겠지.

하두자 : [심상] 등단 . 시집 『물수제비뜨는 호수』『물의 집에 들다』『불안에게 들키다』 외 공저 다수. 리토피아문학상 수상.